FIFTYFIFTY

MARCUS KLÖCKNER (Hg)

# UMSTRITTEN

FIFTYFIFTY

Die Deutsche Nationalbibliothek verzeichnet diese Publikation in der Deutschen Nationalbibliografie; detaillierte bibliografische Daten sind im Internet über http://dnb.d-nb.de abrufbar.



MIX
Papier | Fördert gute Waldnutzung
FSC® C083411
www.fsc.org

ISBN: 978-3-946778-47-9
1. Auflage 2024

Umschlaggestaltung: Johannes Bröckers
Satz: Publikations Atelier, Weiterstadt
Druck und Bindung: CPI – Clausen & Bosse, Leck
Printed in Germany

*Konzipiert und finalisiert*
*in Casa Anna*

# Inhalt

# Einleitung

Wer es wagt, in diesem Land eine eigene Meinung zu haben, gilt schnell als »umstritten«.

»Umstritten«[1] – das ist ein Begriff, auf den Medien, die immer wieder einen Zombie- und Weltbildjournalismus[2] praktizieren, gerne zugreifen. Hat sich eine mehr oder weniger bekannte Persönlichkeit herausgenommen, eine Ansicht zu vertreten, die einen halben Millimeter von den Wahrheiten der großen Medien abweicht, sind Journalisten schnell mit dem Begriff »umstritten« zur Hand. Gerade im Nachrichtenjournalismus ist der Begriff »umstritten« als stark wertendes Adjektiv in vielen Fällen unangebracht. Eine Berichterstattung, die sich einem hohen Maß an Objektivität verpflichtet fühlt, schildert unaufgeregt Sachverhalte und Vorgänge. Ob Mediennutzer eine Person, um die es in der Berichterstattung geht, als »umstritten« betrachten oder nicht, soll ihnen selbst überlassen bleiben. Doch innerhalb einer weltanschaulich kontaminierten »Berichterstattung« verkommt der Begriff »umstritten« zur Waffe, die gegen unliebsame Meinungsabweichler eingesetzt wird.

Wie oft ist etwa in Medien von der *umstrittenen* Linke-Politikerin Sahra Wagenknecht zu lesen? Wohl die meisten Bürger in Deutschland wissen, wer Wagenknecht ist. Dass sie von einigen heftig kritisiert und von anderen bewundert wird, ist kein Geheimnis. Wenn ihr zum X-ten Mal der Begriff »umstritten« angeklebt wird, dann hat das einen Grund: Einige Journalisten wollen Stimmung machen. Sie wollen Wagenknecht negativ rahmen.

Ist etwa Olaf Scholz nicht umstritten? Alleine schon, wenn man an Cum-Ex denkt. Müsste nicht konsequenterweise in jedem Medienbericht stehen: der »umstrittene« Kanzler? Ist Baerbock nicht umstritten? Müsste nicht in jedem Beitrag stehen: *die umstrittene Außenministerin*? Welcher Politiker ist schon nicht umstritten? Wenn der Begriff aber einseitig verwendet wird und Journalisten ihn tendenziell nur Personen anheften, deren Interventionen im öffentlichen Meinungskampf in die »falsche« politische Richtung gehen, dann ist klar, woher der Wind weht.

Ulrike Guérot?

Sie sagte zur falschen Zeit und an der falschen Stelle: »Frieden, Freiheit, Grundrechte«, und plötzlich ist die über viele Jahre von großen Medien hochgeschätzte Europaexpertin umstritten.

Michael Meyen?

Ein reputierter Kommunikationswissenschaftler, der noch vor nicht langer Zeit als »Speerspitze der Forschung« betrachtet wurde, kritisierte Medien etwas zu laut und gab KenFM zwei Interviews und plötzlich heißt es auch bei ihm: umstritten!

Albrecht Müller?

Der Herausgeber des Internetmediums NachDenkSeiten, ein Urgestein der SPD, ehemaliger Wahlkampfleiter von Willy Brandt, setzte sich etwas zu sehr für Frieden mit Russland ein und plötzlich gelten auch er und sein Medium als umstritten.

Stefan Homburg?

Ein renommierter Finanzwissenschaftler und Statistikexperte, hat während der Pandemie Corona-Statistiken kritisch hinterfragt. Ergebnis: umstritten!

Patrik Baab?

Ein erfahrener NDR-Journalist, nimmt sich etwas heraus, was heutzutage eine Seltenheit ist: Er betreibt tatsächlich Journalismus. Deshalb ist er zu einer Rechercheireise in die Ukraine gefahren. Er hat sich auf beiden Seiten der Front[3] umgeschaut und auch mit dem »Feind« geredet. Resultat: umstritten!

Mit dem Begriff *umstritten* und seiner Verwendung in den Medien als Mittel zur Diskreditierung kritischer Experten habe ich mich zum ersten Mal 2016 in meinem Buch *Sabotierte Wirklichkeit – wenn Journalismus zur Glaubenslehre wird* auseinandergesetzt.[4] Im Vordergrund stand das Prinzip der *Benennungsmacht.*[5] Wenn Journalisten eine Person als umstritten bezeichnen, bedienen sie sich dieser Macht. Im Akt der *Benennung*, vollzogen durch die Macht, die Journalisten durch ihre reputierten und reichweitenstarken Medien gewährt bekommen, *benennen* sie nicht nur, sie *erzeugen* auch Wirklichkeit. Wir alle kennen das Prinzip: Eine Person muss nur oft genug mit einer Zuschreibung versehen werden und am Ende ist es wahrscheinlich, dass diese Person gemäß der Zuschreibung auch von anderen so wahrgenommen wird. Sieben Jahre sind seit der Veröffentlichung vergangen. Noch immer hat sich an dieser unsäglichen journalistischen Praxis der Diskursverseuchung durch Journalisten nichts gebessert. Im Gegenteil. Die Schäden an der Demokratie, die durch eine journalistisch in weiten Teilen entkernte Presselandschaft verursacht werden, kommen immer deutlicher zum Vorschein. Medien, die viel zu oft hochgradig manipulativ, hetzerisch und parteiisch agieren, haben maßgeblich zur Schließung des Debattenraums beigetragen, die Gesellschaft gespalten[6] und in ideologischer Komplizenschaft einer für Land und Gesellschaft destruktiven Politik den Weg geebnet. Gelebter Pluralismus, der für jede gesunde Demokratie konstitutiv ist, wird zum Störfaktor bei der Festzementierung von angeblich unumstößlichen Wahrheiten. Demokratieverständnis? Sechs. Setzen.

Außenministerin Annalena Baerbock sagte im September dieses Jahres die folgenden Worte:

*»Deutschland ist eine Demokratie. Punkt. Es gibt bei uns Meinungsfreiheit, alle können immer und überall sagen, was sie wollen. Wer das wie Chrupalla verkennt, hat den Unterschied zwischen Diktatur und Demokratie nicht verstanden – oder will es einfach nicht.«*[7]

Die Aussage korrespondiert auf erwartbare Weise mit einer Politik, der die Entdifferenzierung der Realität alles andere als fremd ist. Richtig ist: Alle können alles sagen. Aber ansonsten hält die Aussage einer Realitätsprüfung nicht stand. Zu einer Demokratie gehört, dass jeder alles sagen kann. Nicht zu einer Demokratie gehört, dass Persönlichkeiten, die vom Mainstream abweichende Ansichten vertreten, öffentlich niedergemacht, mit Hass und Hetze überzogen werden und dass deren berufliche Existenz in Gefahr gerät.

Den Realitätscheck besteht auch nicht die Aussage, dass alle *überall* alles sagen können. Richtig ist: Ein Bürger kann sich auf eine Parkbank oder an den Stammtisch setzen und sagen, was er denkt (wobei das mit dem Sitzen auf einer Parkbank während der Corona-Zeit ...). Das wird aber kaum jemanden weiter interessieren. Die großen öffentlichen Debattenräume, die für die Demokratie elementar sind und weitestgehend durch die großen Medien bereitgestellt werden, sind zugangsbeschränkt. Zutritt erhält in der Regel, wer die »richtige« Sicht, sprich: das richtige Weltbild, zum Besten gibt. Wie viele Experten saßen rund um den Krieg in der Ukraine bei Illner und Co. und sprachen nicht nur von einem »russischen Angriffskrieg«, sondern auch von einem Stellvertreterkrieg? Wo waren in der Corona-Krise Personen wie Wolfgang Wodarg oder Stefan Homburg? Wie oft durfte Patrik Baab von seinen Erlebnissen auf beiden Seiten der Front im Qualitätsfernsehen berichten? Wann saß das letzte Mal eigentlich der seit einigen Jahren auch als »umstritten« geltende Nahost-Experte Michael Lüders bei Anne Will?[8] Viele kluge, kritische Geister, viele Experten sind nahezu komplett aus dem Debattenraum ausgeschlossen. Für sie gilt jenes »Überall«, das Baerbock meinte, offensichtlich nicht. Dass deutsche Medien ein enormes Problem damit haben, im pluralistischen Sinne Meinungsvielfalt abzubilden, ist altbekannt und bis zum Erbrechen abgebildet, analysiert und ausgewertet worden.[9] Doch was wir seit geraumer Zeit erleben, geht über die Gewaltnahme demokratischer Debattenräume weit hinaus. Vor unseren Augen vollziehen sich Gewaltakte *gegen* Mitbürger, die von ihrem demokratischen Grundrecht der freien Meinungsäußerung Gebrauch machen. Wenn Ulrike Guérot die Coronamaßnahmenpolitik der Regierung kritisiert und die Auffassung vertritt: »Wer schweigt, stimmt zu«[10], fallen wackere Demokraten wie ein publizistischer Lynchmob über sie her und wollen nur eins: sie aus ihrer Stellung als Professorin vertreiben und mundtot machen.

Wenn normale Menschen auf die Straße gehen und Bedenken gegen eine Impfung anmelden, der sie misstrauen oder vor der sie Angst haben, dann werden sie als »gefährliche Sozialschädlinge«[11] bezeichnet und müssen sich als »ultra-asoziale Volldeppen«[12] beschimpfen lassen. »Möge die gesamte Republik mit dem Finger auf sie zeigen«[13] – so stand es, verfasst von Nikolaus Blome, auf spiegel.de.

In einer gesunden Demokratie darf, soll und muss bisweilen auch heftig gestritten werden. Das ist beileibe nicht das Problem. Die Zerstörung des Meinungsabweichlers gehört aber nicht zu einer Demokratie. Was wir jetzt mit den massiven Angriffen auf Personen erleben, die sich den heiligen »Wahrheiten« von Politik und Medien entgegenstellen, ist erwartbar. Die innere Logik des Kampfes um die Definitionshoheit verlangt dieses Verhalten vonseiten der Wächter des öffentlichen Diskurses. Es geht um viel.

Große gesellschaftliche und politische Weichenstellungen, große Themen: Sie können politisch nur dann durchgesetzt werden, wenn das Monopol auf die »richtige« Sicht nicht torpediert wird.

Im Oktober dieses Jahres äußerten sich der Virologe Christian Drosten und Gesundheitsminister Karl Lauterbach auf eine Weise, die die hier veranschlagte Argumentation untermauert. Lauterbach sprach von einer »Info-Pandemie« und einem regelrechten »Social-Media-Krieg«.[14] Er beklagte, dass »alles, was man tue, infrage gestellt[15]« werde. Drosten sagte: »Sobald die politische Entscheidungsfindung durch Propaganda und Desinformation verzerrt wird, sind wir verloren.«[16] Der Virologe vertrat die Position, dass nicht jeder Wissenschaftler »mit irgendeinem Abschluss«[17] während eines Pandemiegeschehens reden sollte.

Tja. So hört es sich an, wenn der Meinungskorridor geschlossen werden soll. In den Augen der »legitimen Sprecher« sollen am besten alle Stimmen von »außen« (ein Außen, das sie selbst definieren) ausgeschlossen werden. Schließlich: Gegenstimmen stören.

Diese Position darf man vertreten. Sie passt aber nicht zu einer pluralistisch verfassten Gesellschaft, sondern gehört in eine Diktatur. Die Arroganz, die aus derartigen Auffassungen zum Vorschein kommt, lässt tief blicken. Dahinter, so muss man es sehen, steht wohl auch die Überzeugung, dass die eigene Sicht als »legitimer Experte« die richtige *sein muss.* Fundamentalkritik von *»irgendeinem«* anderen Wissenschaftler, der nicht die Weihen der offiziellen Politik erfahren hat, kann daher nur falsch sein. Auch hier gilt: Das darf so gesehen werden. Aber diese Sicht geht dann eben an der Realität vorbei.

Geradeaus gesprochen: Alternative Medien, Experten, die vom Mainstream abweichen, sind wie ein Stachel, der die Definitionsmonopolisten der Macht jedes Mal sticht, wenn sie ihre Wirklichkeitsvorstellungen der Gesellschaft überstülpen wollen. Der Kampf um die Definitionshoheit ist ein Kampf um die Durchsetzung einer Politik, die – und das spüren immer mehr Bürger – massiv gegen ihre Interessen gerichtet ist. Der Kampf um die Definitionshoheit ist letztlich eine von politischen und wirtschaftlichen Interessen geprägte Auseinandersetzung. Ziel ist es, Realität so zu verschleiern, dass eine machtelitär geprägte Politik ohne größere Widerstände durchgesetzt werden kann. Journalisten, die dabei die Meinungskorridore auf die Größe einer Zigarettenschachtel zurückgebaut haben, sind angetrieben von ihren politischen Überzeugungen, die weitestgehend Hand in Hand mit der jeweils vorherrschenden Politik gehen. Die Inzucht zwischen Politik und Journalismus ist längst von jeder Scham befreit.

Dieses Buch richtet sein Augenmerk auf »die Umstrittenen« und unbequeme Denker. Im Fokus stehen ihre Ansichten, ihr Handeln, die Kämpfe, die sie zu bestreiten haben, und die Angriffe gegen sie. Dabei geht es nicht um eine alles umfassende Darstellung, sondern eher um einen holzschnittartigen Überblick auf begrenztem Raum. Im Vordergrund steht beispielhaft in Buchform festzuhalten, was in diesem Land Kritikern der Herrschaftserzählungen angetan wird. Im digitalen Raum können zwar mit etwas Rechercheaufwand die einzelnen Fälle rekonstruiert werden, aber in Zeiten wie diesen schadet es nicht, auch in physischer Form die Übergriffe zu dokumentieren. Jedes Buch, das irgendwo in einem Bücherregal steht, konterkariert eine mögliche Zensur von unbequemen Ereignissen und Wahrheiten in der Zukunft.

Großartige Autoren, denen an dieser Stelle Dank gebührt, haben sich einzelner Fälle angenommen.

Den Auftakt im Buch macht der Journalist Patrick Reiter. Er fokussiert auf Professor Stefan Homburg, der aufgrund seiner Kritik an der Coronapolitik immer wieder angegriffen wird, sich aber nicht unterkriegen lässt: »Als aufgeklärter Bürger lasse ich mir nicht von angeblichen Experten diktieren, wie ich zu denken habe, sondern bilde mir eine eigene Ansicht und verbreite sie.«[18] Herausgekommen ist bei Reitlers Auseinandersetzung ein Text, der sichtbar macht, wie schnell selbst ein hochreputierter Wissenschaftler für eine unbequeme Sicht öffentlich durch den Dreck gezogen wird. NachDenkSeiten-Redakteur Tobias Riegel hat sich den Fall Daniele Ganser vorgenommen. Medien bezeichnen den Historiker und Friedensforscher unaufhörlich seit vielen Jahren als »umstritten«.[19] Kaum hatte er die Terroranschläge vom 11. September auch im Hinblick auf sein Wissen in Sachen Gladio und den Stay-behind-Strukturen der NATO[20] kontrastiert, sah er sich massiven Angriffen ausgesetzt. Ganser dokumentiert in seinen Büchern den geostrategischen Kampf um Ressourcen und die illegalen Kriege der »Guten«. Mittlerweile kommt es bei Vorträgen Gansers sogar dazu, dass Städte und Gemeinden alles dransetzen, den Historiker nicht auftreten zu lassen. Der Geist der Demokratie? Von wegen! Auch auf diese aktuellen Entwicklungen geht Riegel ein.

Overton-Redakteur Roberto J. De Lapuente richtet das Augenmerk auf die Causa Patrik Baab. Zwei Lehraufträge hat der Journalist verloren, nachdem er in die Ukraine gereist ist. Vor Ort wollte er sich in guter Journalistentradition selbst ein Bild vom Krieg machen. Dann veröffentlichte das Portal t-online.de einen Bericht, der den Eindruck entstehen ließ, Baab könnte als Wahlbeobachter fungiert haben.[21] De Lapuente verdeutlicht: Baab sah sich in der Ukraine nicht nur den Gefahren von zwei Fronten ausgesetzt. Plötzlich musste er sich gegen Angriffe von der »Heimatfront« wehren. Der ehemalige SWR-Mitarbeiter Ole Skambraks[22] hat für dieses Buch ein spannendes Interview mit dem Kommunikationswissenschaftler Professor Michael Meyen geführt. Gegen Meyen läuft ein Disziplinarverfahren, er wurde zur Befragung vor den Verfassungsschutz geladen. Skambraks Auseinandersetzung mit dem Fall Meyen macht transparent, was in unserem Land mittlerweile passiert. Meyens »Vergehen« besteht darin, dass er sich mit den Mitteln seiner Wissenschaftsdisziplin einer fundierten, herrschaftskonzentrierten Medienkritik bedient. Das schmeckt einigen nicht. Deshalb soll er – zu diesem Schluss ist zu kommen – fertiggemacht werden.

Der österreichische Schriftsteller und Journalist Jan David Zimmermann[23] nimmt sich der Politikwissenschaftlerin Ulrike Guérot an. Sie hinterfragte die Maßnahmenpolitik und kritisierte dann auch noch das vorherrschende Narrativ zum Krieg in der Ukraine. Der Medienmainstream sah rot und plötzlich erhob der Trierer Politikwissenschaftler Markus Linden Plagiatsvorwürfe in der *FAZ*. Daraufhin kündigte der Arbeitgeber Guérots, die Rheinische Friedrich-Wilhelms-Universität Bonn, ihre Stelle als Professorin. Guérots Kündigungsklage ist, während dieses Buch entsteht, noch am Laufen. Jan David Zimmermann zeigt auf, warum Guérot gleich als »doppelt umstritten« gilt.

In einem prägnanten Text skizziert die Autorin und ehemalige Kolumnistin für das Satiremagazin »Eulenspiegel« Anke Behrend den Fall Dr. Friedrich Pürner. Pürner war Leiter des Gesundheitsamtes Aichach-Friedberg im bayerischen Regierungsbezirk Schwaben.

Als Entscheider vor Ort hinterfragte er bestimmte Coronamaßnahmen. Die Konsequenz: Strafversetzung. Zumindest ordnet es Pürner so ein. Die Süddeutsche Zeitung bezeichnete Pürner als »höchst umstritten«.[24] Sein Fall dokumentiert, wie schnell sogar massive beruflicher Konsequenzen drohen, wenn ein Mensch sich nicht verbiegen lässt.

Das zweite Interview im Buch habe ich mit Albrecht Müller geführt. Müller, Publizist und Herausgeber der NachDenkSeiten, ist mit seinen nunmehr 85 Jahren noch immer ein scharfsinniger Denker. Zu seinem Tagesgeschäft gehört es, Politik und Medien grundlegend kritisch zu hinterfragen. Doch insbesondere seine Position zum Ukraine-Krieg, die von einem Friedensansatz geprägt ist, kommt bei so manchem Vertreter des Medienmainstreams nicht gut an. Die Bezeichnung »umstritten«, so Müller im Interview, »kommt von jenen, die sich an einen Wust von Denkfehlern, Vorurteilen und falschen Beobachtungen« angepasst haben.

Zuletzt findet sich in diesem Buch eine Analyse jener Lanz-Sendung, in der Ulrike Guérot eingeladen war. An diese Sendung gilt es zu erinnern. An ihr lässt sich exemplarisch ablesen, was passiert, wenn eine Person, die als »umstritten« gilt, doch einmal Zugang zu einer Debattenplattform des Mainstreams bekommt. Guérot sah sich Angriffen nicht nur durch die Gäste Marie-Agnes

Strack-Zimmermann und Fritz Pleitgen ausgesetzt, sie musste sich auch gegen den Moderator wehren. Wer die »Wahrheiten« des Mainstreams anzweifelt, soll sich eben nicht durchsetzen dürfen.

Gegen diese Entwicklung richtet sich das vorliegende Buch. Um einen Lichtblick hervorzuheben: Jede der hier vorgestellten Persönlichkeiten wurde auf die eine oder andere Weise angegriffen. Doch keine von ihnen hat aufgegeben. Alle haben den Angriffen standgehalten. Egal wie die Angriffe auch aussahen: Keine von ihnen ist zurückgewichen. Davor habe ich großen Respekt.

Marcus Klöckner, im November 2023

# Stefan Homburg – »umstritten«, weil er Coronastatistiken hinterfragt hat – von Patrick Reitler

Vom akademischen Überflieger zur einflussreichen Twitter-Größe: wie Corona das Leben von Stefan Homburg veränderte.

**Der Finanzwissenschaftler Stefan Homburg war in Medien und Politik jahrelang ein gern gesehener Gast. Als er im April 2020 seine Zweifel am Corona-Narrativ öffentlich machte, drehte sich der Wind. Doch Homburg ließ sich nie mundtot machen. Heute ist er kein Institutsleiter mehr, dafür aber sehr erfolgreich auf Twitter unterwegs.**

Er war ein Überflieger: Stefan Homburg, Jahrgang 1961, erhielt mit gerade einmal 30 Jahren einen Ruf als Professor auf Lebenszeit an die Uni Bonn. Seine Fachgebiete: Volkswirtschaftslehre und Steuerrecht.

Zuvor hatte er als Stipendiat VWL, Mathematik und Philosophie in Köln studiert. Schon früh bewies Homburg sein Talent als Autor: Bereits ein Jahr nach der Immatrikulierung begann er an der Seite seines späteren Doktorvaters Prof. Bernhard Felderer mit der Arbeit an dem gemeinsamen Lehrbuch »Makroökonomik und neue Makroökonomik«. Im Lauf der Jahre sollte es zu einem Standardwerk reifen. Den Doktortitel bekam der Mann aus Hellersen 1987 für eine Arbeit über die Theorie der Alterssicherung.

Mit Beginn der 1990er machte sich der Nordrhein-Westfale als junger Hochschullehrer schnell einen Namen. Homburg war die treibende Kraft beim Aufbau der Wirtschaftsfakultät im Magdeburg der frühen Nach-Wende-Zeit. Kein Wunder, dass auch die Politik irgendwann auf das Talent aufmerksam wurde. Finanzminister Theo Waigel bot ihm einen Platz als Regierungsberater im Wissenschaftlichen Beirat seines Bundesministeriums an. Homburg sagte zu. 2004 holte ihn Bundeskanzler Gerhard Schröder auch noch in den »Rat für Nachhaltige Entwicklung«.

Die längste Zeit seines Wissenschaftlerlebens aber ist für Homburg mit der niedersächsischen Hauptstadt Hannover verknüpft: Hier übertrug man ihm 1997 die Leitung des »Instituts für Öffentliche Finanzen« an der Leibniz Universität.

»Homburg gilt als Wissenschaftler, der schnell auf den Punkt kommt, geschliffen formulieren kann und ohne große politische Rücksichtnahmen auch ungeschminkte Wahrheiten verkündet«, lobte ihn die »Börsenzeitung« am 26. November 2009.[1] Damals galt es in Deutschland offensichtlich noch als Tugend, auch mal anzuecken. Doch gut zwei Jahrzehnte später sah die Republik in diesem Punkt auf einmal ganz anders aus.

Zum Jahreswechsel 2019/20 waren in den sozialen Medien merkwürdige Bilder aus China aufgetaucht. Immer öfter fielen dabei die Worte »Wuhan«, »neuartiges Virus« und »unbekannte Seuche«. Bald zeigte auch das Fernsehen in Deutschland verstörende Aufnahmen aus Fernost. »Im Januar 2020 haben meine Frau und ich uns schiefgelacht über die billigen Storys aus China«, erinnert sich Stefan Homburg Ende September 2023, »Astronauten, die Gehwege von bösen Viren befreiten, ein junger Augenarzt, der die ›Pandemie‹ entdeckte und kurz darauf natürlich verstarb, Notkrankenhäuser ohne Fundamente. Damals hielt ich die Sache noch für harmlose Unterhaltung.«[2]

Doch die Medien bissen sich zum Erstaunen des Professors richtig fest an der Geschichte um ein Virus, das man im Volksmund inzwischen auf den griffigen Namen »Corona« getauft hatte. Der Tenor: Da kommt was auf uns alle zu, wir wissen nicht viel darüber, es könnte uns aber umbringen, schließlich leben wir in einer globalisierten Welt. Habt ihr nicht den Film »Outbreak« gesehen? Milliarden Menschen in Todesgefahr! Was tun? Um Gottes willen, was tun? Am besten erst mal menschliche Kontakte reduzieren. Corona will es so! Also auf keinen Fall Hände schütteln! Und nicht umarmen! Bleibt daheim! Schließt die Kindergärten und Schulen! Und die Altenheime, Kinos, Theater und Fußballstadien! Am besten alles dicht! Und natürlich Maske tragen! Vergesst die Freiheitsrechte, vergesst das Grundgesetz, vergesst kritisches Nachfragen! Oder wollt ihr etwa, dass die Oma stirbt?

Ein winziges Monster, das »Corona-Virus«, für Normalsterbliche unsichtbar und damit im Wesensgehalt unüberprüfbar, hatte das »beste Deutschland aller Zeiten« (Steinmeier) in wenigen Wochen zu einem Hotspot der Panik und Unfreiheit mutieren lassen.

Prof. Dr. Stefan Homburg kam das alles allmählich gar nicht mehr so lustig vor. »Als aufgeklärter Bürger lasse ich mir nicht von angeblichen Experten diktieren, wie ich zu denken habe, sondern bilde mir eine eigene Ansicht und verbreite sie«, stellt er auf seiner Website klar. Und was der damals 59-Jährige seit dem Frühjahr 2020 alles so verbreitete, schmeckte großen Teilen der Medienlandschaft überhaupt nicht.

Homburg hatte es gewagt, die politisch verordneten Maßnahmen grundsätzlich infrage zu stellen. Denn schon vor Beginn des ersten »Lockdowns« in der bundesrepublikanischen Geschichte, schon vor dem 23. März 2020 also, waren »die Zahlen« nachweislich gesunken. Homburg schaute sich den Sachverhalt um die damals angeblich maßgeblichen Kenngrößen »Verdopplungszeit« und »R-Wert« in acht Ländern an. Seine Schlüsse veröffentlichte er am 13. April 2020 als »Discussion Paper No. 671: Effectiveness of Corona Lockdowns: Evidence for a Number of Countries«[3]. Die Quintessenz: »Lockdowns waren überflüssig und wirkungslos.«

Zwei Tage später erschien eine Kurzzusammenfassung in der Zeitung *Welt*, in der der Zahlenmensch das »rationale und unaufgeregte« Schweden, außerdem Südkorea und Taiwan, als beispielhaft für einen besseren Umgang mit der »Pandemie« würdigte und »konventionelle Abwehrmaßnahmen wie Hygiene, Testung und Quarantäne« als angemessenere Strategien zur Corona-Eindämmung empfahl.[4] Es war auch genau jener 15. April, an dem Homburg vollends davon überzeugt war, dass hier etwas ganz gewaltig schieflief: »Als herauskam, dass der R-Wert, das damalige Maß aller Dinge, schon vor dem Lockdown unter eins gelegen hatte und Merkel und ihre Ministerpräsidententruppe den Lockdown trotzdem unbefristet verlängerten, wusste ich, dass etwas nicht stimmte.«[5]

Seine Zweifel legte Homburg zwei Tage später noch einmal in einem YouTube-Interview mit der Journalistin Milena Preradovic dar. Dabei kritisierte er abermals das Robert Koch-Institut (RKI) und die Politik für ihren »Lockdown-Wahn«. Halb resignierend, halb prophetisch fügte er hinzu: »Solange die Umfragewerte für die Hardliner so gut sind, wird sich auch an der Situation nichts ändern.«[6]

Der Fehdehandschuh gegen Politik und Medien war für alle sichtbar ausgepackt.

Der Erfolg des Preradovic-Videos rief schnell die »Faktenchecker« auf den Plan. Ihr Urteil war vernichtend: Der Finanzwissenschaftler habe beispielsweise wichtige Tatsachen wie die Vor-Lockdown-Maßnahmen nicht berücksichtigt und Schätzungen von Todesfallzahlen falsch dargestellt, schrieb etwa Lea Weinmann von »Correctiv« unter Berufung auf das Robert Koch-Institut.[7] Der Wirtschaftswissenschaftler Jan Schnellenbach[8] nannte Homburgs Ansatz, »politische Forderungen auf der Grundlage von bivariater Augenschein-Empirie« zu stellen, »mehr als fahrlässig«. Sein Kollege Rüdiger Bachmann[9] hielt den Volkswirt für »brandgefährlich« und einen »Scharlatan«.

Homburgs Ruf war schon im April 2020 schwer angeknackst, kaum dass er sich aus der Deckung gewagt hatte.

Doch statt verängstigt zurückzurudern, legte Homburg noch

eine Schippe drauf. Besuchte Demonstrationen. Protestierte lauter und schärfer gegen das »chinesische Politikmodell«, das er in Deutschland immer deutlicher zu erkennen glaubte. Redete über »Sklavenmasken« und spekulierte über baldige Zwangsimpfungen.

Am 9. Mai 2020 zog er auf einer Großdemonstration in Stuttgart vor Tausenden Menschen eine historische Parallele:

»Wir haben jetzt leider gesehen, wie fragil unsere demokratische Ordnung ist und wie schnell so etwas, was in den 1930er-Jahren passiert ist, jederzeit wieder passieren kann.«[10]

Bastian Brinkmann, Wirtschaftsredakteur der einflussreichen *Süddeutschen Zeitung*, nahm Homburg am 14. Mai 2020 daraufhin in die Kontaktschuld-Mangel: Der Finanzwissenschaftler sei zwar selbst »kein ungehobelter Covidiot«, werde aber »von den querfrontlerischen Gruppen beklatscht«[11]. Außerdem arbeite Homburg mit einer »selektive[n] Wiedergabe von Informationen«, was ein »typisches Mittel« zur Verbreitung von Verschwörungsmythen sei, schrieb Brinkmann.

Auch die Historikerin Susanne Götze und die Journalistin Annika Joeres stürzten sich kurz nach Homburgs provokantem Vergleich gemeinsam auf den unbequemen Finanzprofessor. In einem »Correctiv«-Artikel[12] stellten sie Homburg als Teil einer »altbekannten Allianz« aus »Klimaleugnern, Marktradikalen und Rechtspopulisten« vor. Dass Homburg ein Marktradikaler sei, lag für sie wohl auf der Hand: Immerhin habe er mit Ökonomen wie Hans Olaf Henkel oder Prof. Max Otte dafür plädiert, »die Marktwirtschaft ins Grundgesetz zu schreiben«. Und ebendiese Männer, die allesamt irgendwann mit der AfD zu tun gehabt hatten, träten nun auch noch »vehement für Lockerungen des Kontaktverbotes« ein und verbreiteten »krude Theorien zu Corona«!

Insgesamt hatten Götze und Joeres große Schnittmengen zwischen AfD-Politikern, Coronakritikern und »Klimaleugnern« festgestellt: Sie alle verbinde »die Abneigung gegen staatliche

Eingriffe sowie ein Grundmisstrauen gegen die Wissenschaft«, warfen die Autorinnen den Finanzwissenschaftlern und ihren Mitstreitern vor. Unterm Strich, so Götze und Joeres, gehe es ihnen allen ohnehin nur darum, »Aufmerksamkeit für sich selbst zu schaffen«.

Der Deutungsrahmen der Leitmedien für die kommenden Jahre war damit endgültig festgezurrt. »Unversehens stand ich, ein eher dröger Gelehrter, als Staatsfeind Nr. 1 da«, erinnerte sich Homburg drei Jahre später bei einem Vortrag.[13]

Verschärfend kam hinzu, dass Homburg sich Anfang Mai entschlossen hatte, seine Bedenken und seine Kritik auch auf der sozialen Plattform Twitter (heute: X) zu äußern. »Zu diesem Zeitpunkt ging ich davon aus, dass der Wirbel um das neue Virus von kurzer Dauer sein und sich die Sache bald klären werde. Entsprechend glaubte ich an ein kurzes Gastspiel auf Twitter«, schreibt Homburg knapp zwei Jahre später in seinem Buch »Corona-Getwitter«.

Schon einer seiner allerersten Tweets, ein Eintrag vom 17. Mai 2020, sorgte für sehr viel Aufregung. Kritisch angesprochen auf seinen Stuttgarter Demo-Spruch mit der Parallele zu den frühen 1930er-Jahren, legte Homburg noch einmal nach:

»Das hier IST 1933. Damals gab es keinen Krieg und keine Lager. Es wurde erst die Demonstrations- und Meinungsfreiheit abgeschafft, dann das Rechts-, Presse- und Wissenschaftssystem gleichgeschaltet. Sechs Jahre später war man dann so weit.«[14]

»Keiner meiner Tweets hat so viel Zustimmung erhalten wie dieser«, stellt Homburg Ende September 2023 fest. »Gerade auf ihn werde ich immer wieder angesprochen, weil es ja stimmt, dass Rechtsstaat, Freiheit der Wissenschaft und die übrigen gewohnten Werte allesamt im Frühjahr 2020 versenkt wurden.«[15]

Immer wieder betont Homburg auch, dass er mit der Zahl 1933 weniger auf die beginnende Naziherrschaft als vielmehr auf den »Niedergang der Weimarer Republik Anfang 1933« hinweisen wollte. Doch für solche Feinheiten gab es im Mai 2020 längst keinen Platz mehr im deutschen Diskurs.

Die »Linksjugend«, die »Grüne Jugend« und die »Jusos« Niedersachsen reagierten am 22. Mai empört und schrieben gemeinsam einen Offenen Brief[16] an den Hannoveraner Universitäts-Präsidenten Prof. Volker Epping. Darin forderten sie die Entlassung des alteingesessenen Institutsleiters. Es dürfe nicht sein, dass ein Universitätsprofessor wie Homburg mit seiner grundsätzlichen Glaubwürdigkeit und Seriosität bestimmte Demonstrationen »adele«, die »bewusst zahlreiche Verschwörungstheoretiker*innen und Rechtsextremist*innen« anzögen. Überhaupt verbreite Homburg inzwischen »wahnwitzige Fake News« und »krude Falschinformationen«. Außerdem warfen die linkslastigen Jugendorganisationen Homburg »geschichtsrevisionistische Relativierung nationalsozialistischer Gräuel« vor.

Auch die *Welt*, in der Homburg noch wenige Wochen zuvor über den aus seiner Sicht unnötigen Lockdown geschrieben hatte, rückte ein gutes Stück von ihrem Gastautor und einst gerne gesehenen Experten ab: »Von NS-Vergleichen und weiteren Äußerungen, die Homburg an anderer Stelle getätigt hat, distanziert sich die *WELT*-Redaktion ausdrücklich«, wurde nun am Ende seines Artikels eingefügt.[17]

Der nächste Aufreger ließ nicht lange auf sich warten: Homburg solle kritische Studenten aus einer Onlinevorlesung geworfen haben![18] Er selbst stellt die Sache heute wie folgt dar:

»Das Sommersemester verlief im Lockdown. Die Studenten waren geschockt. Um sie zu beruhigen, gab ich in der ersten (elektronischen) Vorlesung folgende Marschrichtung vor: Hier geht es nur um Prüfungsstoff! Wer über Corona diskutieren will, kann das auf Twitter tun. Entgegen dieser Regel sind zwei Antifanten, die gar nicht zu meinen Studenten gehört [sic], nächtlich in das interne Forum eingedrungen und haben es mit Nonsens zugemüllt. Ich habe das kommentarlos gelöscht und bei den beiden

Antifanten das Häkchen ›Teilnehmer‹ abgekreuzt, damit sie den Angriff nicht wiederholen konnten.«[19]

Manch einem war damals schon sauer aufgestoßen, dass Homburg selbst auf seiner Universitätswebseite immer wieder Links untergebracht hatte, die mit seinem Widerstand gegen die Coronapolitik zu tun hatten.[20] Nun war die Sache mit den ausgeschlossenen Studenten wohl genau der Tropfen, der auch im Universitätsbetrieb das Fass zum Überlaufen brachte.

Die Leibniz-Universität Hannover, für die Homburg schon seit 23 Jahren das »Institut für Öffentliche Finanzen« leitete, reagierte am 25. Mai 2020 mit einer gemeinsamen Stellungnahme von Senat, Präsidium und Hochschulrat.[21] Die Hochschullehrer sahen sich offensichtlich gezwungen, sich öffentlich vom »Inhalt der Äußerungen« ihres Kollegen Homburg zu distanzieren.

Besonders auf die Palme gebracht hatte auch sie, dass Homburg immer wieder auf das Jahr 1933 zu sprechen gekommen war: Es handele sich um eine »unerträgliche Verharmlosung« der historischen Geschehnisse. Die Universität, so hieß es in dem Distanzierungsschreiben, habe sogar schon über rechtliche Schritte gegen Homburg nachgedacht – aber keine Möglichkeit dazu gefunden.

Für die *Süddeutsche*[22] hakte erneut Bastian Brinkmann bei Homburg nach, bat ihn um eine Stellungnahme zu seinen historischen Vergleichen. Homburg antwortete, dass er »niemals Parallelen zur nationalsozialistischen Diktatur gezogen« habe, sondern lediglich auf »Gefahren wie in der Spätphase der Weimarer Republik« habe hinweisen wollen.

»Brinkmann hat mir das Wort im Mund herumgedreht, um Empörung zu erzeugen«, ist sich Homburg heute sicher.[23] Die Rechnung schien aufzugehen: Immer mehr Medien nahmen sich nun den widerspenstigen Professor vor. Die *taz* etwa nannte ihn einen »prominenten Corona-Skeptiker«.[24] Für den *Tagesspiegel*[25] war er ein »raunender Corona-Kritiker«. Aus demselben *Tagesspie-*

*gel*-Artikel vom 29. Mai 2020 stammt allerdings auch jener Satz, den Homburg noch heute irgendwo zwischen Selbstironie und Stolz selbst in seinem Twitterprofil präsentiert:

»Homburg nennt solide Zahlen und zieht Schlüsse, die nur schwer zu widerlegen sind – und gerade das macht ihn so gefährlich.«

Ende Mai 2020 war das einst gefeierte »Wunderkind der Volkswirtschaft« (*Tagesspiegel*[26]) in der Kollegenschaft und in den Leitmedien also so gut wie erledigt – nach nur drei Monaten »Coronakrise«.

Trotz aller Schmähungen blieb Homburg seiner Linie treu. Noch 2020 trat er dem Verein »Mediziner und Wissenschaftler für Gesundheit, Freiheit und Demokratie, e. V.« (MWGFD) bei, in dem sich weitere Größen der Corona-Kritikerszene wie beispielsweise Prof. Sucharit Bhakdi, Dr. Wolfgang Wodarg oder Dr. Ronny Weikl engagieren. In ihrer Mitte übernahm Homburg den Job des Finanzprüfers und Compliance-Beauftragten.[27] »Als Finanzvorstand habe ich in der heißen Zeit, als uns reihenweise die Konten gekündigt wurden, eine Menge zu tun gehabt«, erzählt Homburg heute aus dem Nähkästchen. »Vor allem war es schwierig, Millionenspenden, mit denen niemand gerechnet hatte, so zu verwalten, dass keine rechtlichen Probleme entstanden.« Irgendwann aber sei ihm »die Vielfachbelastung durch Fernsehen, Podcasts, Twitter, Lektüre, mehrere Dutzend E-Mails am Tag und die Vorstandstätigkeit zu viel« geworden. Da habe er das Ehrenamt lieber niedergelegt. Noch heute aber sei er mit den Vorsitzenden und vielen Mitgliedern der MWGFD »gut befreundet und in Kontakt«.[28]

Doch zurück zur ganz heißen Zeit der Coronakrise. Ende März 2021, ziemlich genau ein Jahr nachdem Homburg sich erstmals öffentlich kritisch geäußert hatte, endete für ihn ein 24-jähriger Lebensabschnitt: Die Wirtschaftswissenschaftliche Fakultät der Leibniz-Universität Hannover verabschiedete ihren prominenten

Finanzexperten in den vorzeitigen Ruhestand als Direktor.[29] Homburg hatte gerade seinen 60. Geburtstag gefeiert.

Das Aus als Institutsleiter sei auf eigenen Wunsch zustande gekommen und habe nichts mit seiner regierungskritischen Haltung zu tun, betont Homburg heute: »Schon vor Corona hatte ich meinen Antrag auf Vorruhestand gestellt und die Modalitäten des Ausscheidens und der Übergabe meiner Professur mit Dekanat und Präsidium besprochen.« Außerdem sei das Tischtuch aus seiner Sicht keineswegs zerschnitten: »Ich betreue weiterhin Doktoranden und kann selbstverständlich jederzeit, wenn mir danach ist, Vorlesungen und Prüfungen anbieten oder an Promotionen und Habilitationen mitwirken«, stellt der Finanzexperte klar: »Mit dem Ruhestand sind nur meine Lehrpflichten erloschen, nicht meine Rechte.«[30]

Zu seinen eigenen Studenten sei das Verhältnis im Übrigen »stets ungetrübt« gewesen, auch im Jahr 2020. Damals habe es sogar eine »ungewöhnlich hohe Nachfrage nach Masterarbeiten« gegeben, die ausdrücklich eine Betreuung durch ihn gewünscht hätten. Auch im Herbst 2023 arbeite er ebenso viel wie zu seiner aktiven Zeit als Institutsdirektor. Dabei habe er ursprünglich geplant, im Ruhestand alles »etwas gemächlicher« anzugehen. Doch dieser Plan sei eben durch Corona »durchkreuzt« worden.[31]

Spätestens im Lauf des Jahres 2021 aber war die leitmediale Aufregung um Homburg allmählich abgeklungen. Auch er selbst war vorsichtiger geworden, was Presseanfragen anging. Erst im August 2022 stellte er sich dem ebenfalls regierungskritischen Ökonomen und Publizisten Marc Friedrich für ein längeres Video-Interview[32], um über zweieinhalb Jahre »Corona« zu sprechen.

»Mein größter Fehler war sicher, dass ich im Mai 2020 noch den Medien vertraut hab' und deshalb der *Süddeutschen* dieses Interview gegeben habe«, blickte Homburg im Gespräch mit Friedrich zurück. Heute werde in den »gesteuerten Medien« über ihn noch immer »unglaublich gekübelt«. In der wirklichen Welt aber, im Straßencafé, beim Einkauf oder im Fitnessstudio, erlebe er »ausschließlich positive« Reaktionen von den Menschen. Auf der Straße werde er »ständig angesprochen«.

In der Rückschau vom Herbst 2023 sei dieser Zuspruch für ihn ohnehin »das Beste« an der ganzen Zeit gewesen, stellte Homburg klar: »Vor Corona bin ich zwar auch in Talkshows wie Maybritt Illner oder Sandra Maischberger aufgetreten und war Hunderttausenden als Lehrbuchautor bekannt. Trotzdem war mein Bekanntheitsgrad ungleich geringer.«[33]

Während ihm im August 2022 rund 70 000 Menschen auf Twitter gefolgt waren, waren es Ende September 2023 auf X schon mehr als 110 000 – obwohl Corona im Mainstream schon längst nicht mehr das alles beherrschende Thema war. Doch Homburg wird nicht müde, via X immer wieder auf neue Studien oder Widersprüche hinzuweisen, die für seine Überzeugung sprechen.

Dafür wird Homburg nach eigenen Angaben »sicher vom Verfassungsschutz verfolgt«. »Ich bin auch ziemlich sicher, seit April 2020 nachrichtendienstlich überwacht zu werden«, verriet er auf Anfrage. »Das ist mir aber gleichgültig. Sollte das Verteilen von RKI-Statistiken strafbar werden, ist es ohnehin zu spät.«

Mit dem Strafrecht sei er nur einmal in Berührung gekommen, nämlich ganz am Anfang der Coronazeit. Er habe damals »den Fehler gemacht, einen Strafbefehl zu bezahlen, weil ich zu stark unter Zeitdruck stand«, erläuterte Homburg. Weitere Strafbefehle aber habe er bislang vermeiden können: Eine Rechtsanwältin stehe ihm stets erfolgreich zur Seite. Sie habe es geschafft, »Dutzende« von Anzeigen abzuwehren. Die meisten davon stammten übrigens von Impfärzten, so Homburg.[34]

Aber auch »Lockdown- und Zwangsimpfungsanhänger« versuchten immer wieder, ihm das Leben auf Twitter/X schwer zu machen. »Ich werde jeden Tag zur Löschung vorgeschlagen«, erzählte Homburg bereits im Oktober 2022 in einem Gespräch mit dem Münchener Medienexperten Prof. Michael Meyen.[35] »Aber es funktioniert nicht, weil ich eher sehr zurückhaltend formuliere.« Außerdem verweise er stets auf Originalquellen wie beispielsweise die Zahlen des RKI.

»Ich twittere nicht meine Meinung, ich formuliere sehr vorsichtig. Und manchmal bin ich vielleicht sogar übervorsichtig.« Wenn es beispielsweise um die COVID-19-Impfung gegangen sei, habe er nicht mit Spritzen-Icons, sondern mit Bratwurst-Symbolen gearbeitet. Inhaltlich bereue er jedenfalls nichts, sagte Homburg im Herbst 2023: »Ich würde alles genau wieder so sagen. Manches ist im Nachhinein schlimmer geworden, als meine vorsichtigen Bemerkungen es nahelegten, etwa die Impfschäden. Aber dies konnte ich nicht wissen und wollte nie dramatisieren.«[36]

Auf Grundlage der Einträge aus den ersten beiden Jahren seines Twitterkanals ist mittlerweile ein 300 Seiten starkes Buch entstanden: *Corona-Getwitter: Chronik einer Wissenschafts-, Medien- und Politikkrise*. Die Idee dazu hatte nicht Homburg, sondern der Weltbuch Verlag. Anfangs sei ihm das Konzept »vollkommen unattraktiv« erschienen, so Homburg. Doch dann sei ihm klar geworden, dass alle seine Posts ganz schnell weg sein könnten, wenn bei Twitter jemand auf den falschen Knopf drücke. Nun bestehe das Buch also aus Tweets, die in einen literarischen, chronologisch aufgebauten Text eingebettet seien. Als Zielgruppe stellt sich Homburg vor allem jene Leute vor, die »bisher alles geglaubt haben, was man ihnen im Fernsehen erzählte – und die jetzt skeptisch werden«.

Schätzungsweise zwei oder drei Stunden täglich verbringt Homburg heute eigenen Angaben zufolge auf X/Twitter[37]: »Ich sehe in Twitter kein Verlautbarungsinstrument, sondern eine Diskussionsplattform und muss daher täglich hunderte Antworten lesen und viele beantworten.«

In den oppositionellen Medien ist Homburg ebenfalls immer wieder für Interviews zu Gast. Zum Beispiel bei den »Ärzten für Aufklärung«[38] oder bei AUF1.tv.[39] Außerdem schreibt Homburg zuweilen selbst Artikel, zum Beispiel für Tichys Einblick oder Die Achse des Guten.

Homburgs Gegner aus den »Faktenchecker«-Redaktionen blieben ebenfalls nicht untätig, zogen immer wieder gegen Neuveröffentlichungen von Homburgs älteren Videos zu Felde oder rückten seine Darstellungen vermeintlich gerade.[40] Kein gutes Haar lässt nach wie vor das »Volksverpetzer«-Team an dem Ruheständler: Am 4. Februar 2022 veröffentlichte das Portal den »Großen Homburg-Faktencheck: Warum ihr Homburg kein Wort glauben solltet«.[41]

Der Wissenschaftler ist noch heute nicht besonders gut auf die »Faktenchecker«-Szene zu sprechen. Vor allem, weil Entgegnungen bei diesen »grundsätzlich nicht vorgesehen« seien: »Faktenchecker wollen nicht diskutieren, sondern einseitig verlautbaren«, das habe er inzwischen gelernt. »Fast alle haben mich auf Twitter geblockt, und sie wissen, warum. Schließlich sind die meisten Studenten oder Studienabbrecher«, erzählt der Finanzexperte. »Wulf Rohwedder von der Tagesschau« sei beispielsweise »Pferdesportreporter« gewesen, »bis er auf Corona angesetzt wurde«, spottete Homburg.[42]

*Lesetipp: Stefan Homburg: »Corona-Getwitter: Chronik einer Wissenschafts-, Medien- und Politikkrise«. Weltbuch Verlag 2022, 19,90 Euro*

**Patrick Reitler**, *geboren am Rande der Republik in den späten 1960er-Jahren, gelernter Bankkaufmann, Studium der Literaturwissenschaft, Sozialpsychologie und Informationswissenschaft. Danach über 20 Jahre im Dienst des öffentlich-rechtlichen Rundfunks, nebenbei Fußballkommentator. Seit Ende 2022 freier Journalist.*

# Daniele Ganser – »umstritten«, weil er ein unbequemer Historiker ist – von Tobias Riegel

Daniele Ganser gehört schon lange zu den »Umstrittenen«. Er hat sich diesen Titel bereits Anfang der 2000er Jahre durch kritische Veröffentlichungen etwa zu »Gladio«-Gruppen der NATO und durch die entsprechenden Reaktionen auf seine Texte vonseiten transatlantischer Meinungsmacher »verdient«. Eine damals schon polarisierte Debattenkultur hat sich seither massiv zugespitzt. Entsprechend musste man in den letzten Monaten eine nochmalige Steigerung der Diffamierung Gansers feststellen: Im Vorfeld seiner Auftritte im März dieses Jahres wurde in zahlreichen Orten in Deutschland eine harte Stimmungsmache gegen den 51-jährigen Schweizer Historiker betrieben. Etwa in Dortmund und Nürnberg waren seine geplanten Auftritte nach Kampagnen zunächst ganz verwehrt worden und konnten erst nach Rechtsstreitigkeiten und entsprechenden Gerichtsurteilen[1] stattfinden.

Ziel der Kampagnen waren – wie so oft heutzutage – nicht der argumentative Einspruch gegen eine bestimmte Meinung und der Eintritt in eine gesittete Diskussion, sondern zumindest für einige Beteiligte war das Ziel die komplette Verhinderung einer unbequemen Meinungsäußerung. Zu diesem Vorgehen wird vor allem von gesellschaftlichen Akteuren gegriffen, die zwar nicht die Inhalte auf ihrer Seite haben, aber die Mittel, einen emotionalen Shitstorm auszulösen, dem sich viel zu viele Veranstalter und andere Verantwortliche viel zu schnell beugen. Im Fall Ganser kann man die Kampagnen als intensiv bezeichnen, Beispiele für Medienbeiträge gegen die Auftritte des Friedensforschers folgen weiter unten im Text.

## Ganser und die illegalen Kriege

Wegen seiner Arbeit ist Ganser prädestiniert dafür, ein Ziel von medialen und politischen Unterstützern der US-Kriegspolitik und der aktuellen militaristischen »Zeitenwende« zu sein: Er ist mit Untersuchungen zu sogenannten »Stay-Behind-Armeen« der NATO in europäischen Staaten bekannt geworden, also zu Gruppen, die potenziell und verdeckt für Sabotage und Terror in ebendiesen Staaten bereitgestanden hätten. Auch sonst stört Ganser mit seiner Forschung das geschönte Bild, das zahlreiche Journalisten und Politiker in trauter Einigkeit hierzulande von den USA und der NATO zeichnen, etwa mit seinen Büchern »Illegale Kriege: Wie die NATO-Länder die UNO sabotieren: Eine Chronik von Kuba bis Syrien« oder »Imperium USA: Die skrupellose Weltmacht«.

Auch beim Thema Ukrainekrieg, bei dem Ganser bei seinen aktuellen Vorträgen auch die wichtige Vorgeschichte in den Fokus rückt, befindet er sich in Widerspruch zu einer großen Koalition aus Politikern und Meinungsmachern, die höchst empfindlich darauf reagiert, wenn man ihr »Narrativ« vom russischen Imperialismus als einzigem Kriegsgrund infrage stellt.

Getragen wurden die diesjährigen Versuche der »Cancel Culture« gegen Ganser von lokalen Initiativen mit oft pseudolinkem Anstrich, von Politikern sowie von regionalen und überregionalen Medien. Diese Versuche sind als Meinungsunterdrückung scharf zurückzuweisen – sie sind aber auch eine Art Auszeichnung, denn der publizistische Aufwand, der gegen Ganser betrieben wird, und die Wut, die er auslöst, sind Belege seiner Relevanz. Versuche,

Meinungsäußerungen zu unterbinden, werfen außerdem ein helles Licht auf eine große Sorge der Initiatoren der Zensurversuche: nämlich in einer fairen Diskussion mit den eigenen Argumenten nicht bestehen zu können. Mit diesem Text wird nicht automatisch allen Thesen Gansers zugestimmt – aber er pocht unbedingt darauf, dass der Historiker seine Thesen vortragen darf.

Dass solche Kampagnen auch von Gruppen unterstützt werden, die sich selber irreführend als »links« bezeichnen, trägt dazu bei, dass inzwischen die Untugend der Meinungsunterdrückung als eine »linke« Tendenz dargestellt werden kann, was zusätzlich zurückgewiesen werden muss: Die Forderungen, Vorträge zu verbieten oder Waffen in ein Kriegsgebiet zu liefern, können selbst nach den erlebten Umdeutungen der Begriffe keinesfalls als linke Positionen gelten.

## »... kontrafaktische, antisemitische und antidemokratische Verschwörungsfantasien ...«

Mächtiger als pseudolinke (und teils staatlich geförderte) Kleingruppen und noch problematischer als die Aussagen einzelner (Lokal-)Politiker wirken (nicht nur im Fall Ganser) viele etablierte Journalisten in großen deutschen Medien. Als Beispiele unter zahlreichen anderen Beiträgen im gebührenfinanzierten öffentlich-rechtlichen Rundfunk zu Ganser soll hier auf den NDR und das ZDF Bezug genommen werden. Das ZDF[2] zitiert ein »Bündnis aus Parteien, Religionsgemeinschaften, Verbänden«:

*»Sie eint der Protest gegen den umstrittenen Historiker, dessen Vorträge sie für kontrafaktische, antisemitische und antidemokratische Verschwörungsfantasien halten. (...) Rechtlich ist Ganser nicht beizukommen und so darf er weiter im weichen Bett der Demokratie Menschen manipulieren.«*

Der NDR[3] lässt etwa folgende Behauptungen unwidersprochen:

»*Auf diese Weise verharmlost er den Holocaust, stellt die Anschläge vom 11. September 2001 oder gegen das Satiremagazin Charlie Hebdo infrage, schiebt Corona diffusen Mächten in die Schuhe oder dreht beim Krieg in der Ukraine Täter und Opfer um. Das kommt gut an in manchen Kreisen. Denn Ganser kennt sein Publikum. Schließlich sei er Geschäftsmann, sagt Jasmina Bindner von der Koordinierungsstelle gegen Rechtsextremismus und Fremdenfeindlichkeit.*«

Personal wie die hier eingeführte Rechtsextremismus-Expertin findet sich in zahlreichen Artikeln zu Ganser und anderen »umstrittenen« Regierungskritikern. Dass zu Ganser überhaupt eine »Koordinierungsstelle gegen Rechtsextremismus und Fremdenfeindlichkeit« befragt wird, ist sachlich unbegründet und es ist der infame Versuch, einen Andersdenkenden bereits durch die Auswahl des jeweiligen »Experten« als rechtsextrem hinzustellen.

## Das »Geschäft« mit den »Verschwörungsmythen«

Auch die Betonung, Ganser betreibe (im Gegensatz zu anderen Buchautoren?) ein »Geschäft«, taucht häufig in Artikeln zu dem Historiker auf. Und so fährt auch die oben bereits genannte Expertin fort: »Seine Masche: Ganser sät Zweifel durch Suggestivfragen, baut dadurch Verschwörungsideologien auf, ohne sich angreifbar zu machen. (...) Es ist sein Job, Bücher zu verkaufen. Es ist sein Job, seine Tour zu verkaufen.« Das heiße, es sei auch sein Job, sein Publikum anzusprechen, so Bindner. Das mache er mit Argumenten, die gut ankommen, »und das sind eben die einfachen Argumente«.

Auf die Aussage von den »einfachen Argumenten« soll hier kurz eingegangen werden, weil sie den Bürgern in Varianten immer wieder begegnet, nicht nur beim oft als »Verschwörungstheoretiker« bezeichneten Ganser: So ist zum Beispiel die in zahllosen Beiträgen geäußerte Floskel von der Verschwörungstheorie als »einfache Erklärung in einer komplexen Welt« zum einen anmaßend und zum anderen oft falsch: Die indirekte Darstellung, dass diese komplexe Welt nur von den etablierten Journalisten und ihren befragten »Experten« durchschaut werden könne, sollte als selbstverliebter Irrtum abgetan werden.

Es gibt zwar natürlich irrelevante Spinner, aber: Oft sind die Versionen von seriösen Skeptikern erheblich komplexer als etwa die simplen offiziellen Darstellungen des syrischen Konflikts als »Volksaufstand« oder des ukrainischen Maidan-Umsturzes als »demokratischem Sieg der Zivilgesellschaft«. Zudem wird vieles bereits als Theorie gebrandmarkt, obwohl es sich tatsächlich um Fragen handelt. Wahlweise wird auch behauptet, es würden »Suggestivfragen« gestellt, zu Dingen, die »längst aufgeklärt seien«.

## Ein untoter Kampfbegriff

Der Kampfbegriff »Verschwörungstheoretiker« wurde schon zahllose Male auf Ganser angewendet. Er ist alt und erscheint eigentlich abgenutzt. Doch das ist ein Irrtum. Wie ein Untoter hält sich der Begriff und entfaltet nach wie vor seine destruktive Wirkung, um offizielle Narrative zu verteidigen, die in Bedrängnis geraten sind. Diese Haltbarkeit eines lange und mehrfach enttarnten Kampfbegriffes ist skurril, aber man muss mit diesem Phänomen umgehen.

Der Begriff möchte selbstverständlich nicht aufklären oder vor Fake News schützen, wie seine Benutzer suggerieren: Er will stattdessen Andersdenkende abservieren, ohne sich erst mühsam mit deren – teils komplexen – Argumenten auseinanderzusetzen.

Als zentrale Taktiken sind in dem Bereich vor allem auszumachen: die pauschale Einordnung als »rechts« sowie die Verknüpfung von möglicherweise realen Vorgängen mit kompletten Spinnereien – in der Hoffnung, dass etwa der unseriöse Ruf von Mondlandungs-Skeptikern oder Holocaust-Leugnern auf Menschen mit berechtigten Nachfragen zu den sozialen Folgen des Corona-Lockdowns oder zum konkreten Verlauf der 9/11-Anschläge abfärbt, wie das beispielsweise hier der »Deutschlandfunk«[4] praktiziert:

*»Man trifft sie auf Partys oder im Bekanntenkreis, liest ihre Kommentare im Internet, sieht sie in Fernsehdokumentationen – Menschen, die nach vielen einsamen Stunden in den Weiten des Netzes voller Überzeugung erstaunliche Ansichten von sich geben: Der Holocaust habe nicht stattgefunden, die Mondlandung sei eine Hollywoodinszenierung, das World-Trade-Center hätten die Amerikaner höchstselbst in die Luft gesprengt.«*

## Ganser, der »brandgefährliche« Historiker

Nicht nur der öffentlich-rechtliche Rundfunk, auch private Medien haben sich in den vergangenen Monaten aggressiv zu Ganser positioniert. Das sogenannte Redaktionsnetzwerk Deutschland[5] hatte einen Artikel so überschrieben:

*»Daniele Ganser: Geschäftsmodell Spaltung«*

Die *FAZ*[6] zitiert einige Stimmen, die Ganser als »brandgefährlich« einordnen, denn:

*»Der Schweizer Historiker Daniele Ganser erwähnt meist nur das, was zu seiner Argumentation passt, und verbreitet Verschwörungsmythen.«*

Absätze wie der folgende beschreiben aber eher das schlichte Geschichtsbild der *FAZ* als das von Ganser:

*»Auch den ›Euromaidan‹, den Kiewer Aufstand gegen die ukrainische Annäherung an Russland, der mit der Flucht des prorussischen Präsidenten Wiktor Janukowitsch endete, beschreibt Ganser regelmäßig als eine von amerikanischen Geheimdiensten gesteuerte und finanzierte Verschwörung. Bei seinen Vorträgen verbreitet er auch die lange widerlegte Behauptung, der Westen habe im Zuge der Verhandlungen über die deutsche Wiedervereinigung zugesichert, dass es zu keiner NATO-Osterweiterung kommen werde.*

*Der Antiamerikanismus zieht sich wie ein roter Faden durch seine Auftritte und Publikationen.«*

Im folgenden Absatz werden zwei hier bereits thematisierte Taktiken verbunden: zum einen die Wahl des Antisemitismusbeauftragten als Gesprächspartner, was Ganser in eine entsprechende Ecke rücken soll. Zum anderen die negative Betonung des normalen Vorgangs, dass ein Buchautor mit dem Verkauf seiner Bücher Geld verdient:

*»Michael Blume, der baden-württembergische Antisemitismusbeauftragte, nannte Ganser gegenüber dem Portal ›t-online‹ jüngst einen antiwestlichen Verschwörungsunternehmer, der mit der Verbreitung von Verschwörungsmythen seit Jahren Geld verdient‹.«*

## Sprachliche Verrohung

Festzustellen ist in der Ganser-Debatte – so wie momentan bei zahlreichen anderen Themen – eine nochmals zunehmende sprachliche Verrohung. Das äußert sich darin, dass statt seriöser Inhalte und der dauernd betonten »Wissenschaft« Kraftausdrücke, Emotionen, Kontaktschuld und Diffamierungen zum Einsatz kommen. So titelte etwas das Medium t-online[7]:

*»Daniele Ganser: ›Putin-Troll auf Globuli‹«.*

Auch in diesem Beitrag verbinden sich die üblichen besorgten Gruppen aus der »Zivilgesellschaft« mit entsprechenden »Experten« und werden dann wohlwollend von der Presse begleitet: Beschrieben wird eine Veranstaltung gegen Ganser vom »Bündnis Solidarität statt Hetze«. Der zitierte Historiker Klaus Gestwa bezeichnet diese Zusammenkunft als »Verschwörungstheoretische Drogenprävention«. Die unangemessene Art der »Argumentation« Gestwas illustriert der folgende Absatz:

*»Gestwa bezeichnete Daniele Ganser in Anspielung auf dessen Russland-Propaganda und alternativmedizinischen Seminare als ›Putin-Troll auf Globuli‹. Für den Begriff wollte er sich auch in der Fragerunde nicht entschuldigen, als ihm ein Gast aus dem Publikum vorwarf, damit doch ebenfalls Hetze zu betreiben. Das entspreche schließlich nur den Tatsachen, so Gestwa. Neben Ganser bezeichnete Klaus Gestwa auch Sahra Wagenknecht und Alice Schwarzer als ›Friedensschwurbler‹.«*

## »Cancel Culture« lebt von Unterwürfigkeit

»Cancel Culture« funktioniert nur, weil viele Verantwortliche schnell einknicken, wenn aus politischer Motivation gegen Andersdenkende vorgegangen wird. Ein positives Gegenbeispiel im Zusammenhang mit Ganser lieferte der Oberbürgermeister der Stadt Leinfelden-Echterdingen bei Stuttgart, Roland Klenk (CDU), wie die *Stuttgarter Zeitung*[8] berichtet hatte. Auf den Hinweis, dass unter anderem Dortmund oder Nürnberg die Auftritte des Historikers (zu diesem Zeitpunkt) abgesagt hätten, hatte Klenk geantwortet: Die Auftritte Gansers seien in den erwähnten Städten nicht aus rechtlichen Gründen, sondern auf politischen Druck hin (vorübergehend) abgesagt worden. Er aber wolle sich trotz Gegenwind ans Grundgesetz und die dort festgeschriebene Meinungsfreiheit halten:

*»Da muss ich dann auch, das ist jetzt der Fall, politischen Druck aushalten.«*

Wie auf anderen Gebieten werden beim Komplex Cancel Culture reale Missstände (Rassismus, fehlendes Bewusstsein gegenüber Kolonialismus und vieles andere) genutzt, um weit über das Ziel hinaus- oder auch komplett daran vorbeizuschießen. Besondere Auswüchse dieser Zensur-Praxis haben sich mittlerweile vom Ursprung komplett gelöst, sie sind nun eine vielfältig einsetzbare politische Waffe.

Neben einer Einschränkung der Meinungsvielfalt sind zwei Dinge in dem Zusammenhang hervorzuheben: zum einen die anmaßende Haltung, bestimmen zu wollen, was öffentlich stattfinden darf – oft ohne dass die Gründe für die geforderten Ausschlüsse zuvor gesellschaftlich verhandelt worden wären oder dass sie eine juristische Grundlage hätten (etwa wegen Beleidigung, Volksverhetzung oder Ähnlichem). Zum anderen die Bereitschaft mancher Veranstalter, Redakteure, Politiker et cetera, das »Canceln« eifrig in die Tat umzusetzen und sich beflissen und opportunistisch dem wechselnden Zeitgeist unterzuordnen, der von diversen Seiten ausgerufen wird. Zusätzlich können Politiker und Medien die Praxis, da sie nun etabliert ist, nutzen, um die eigene Politik abzuschirmen und Kritik daran zu diffamieren. Wie gesagt: Durch das »Canceln« erspart man sich auch Debatten, in denen man inhaltlich keine Chance hätte.

## Abgenutzte Diffamierungen?

Die gute Nachricht: Soweit man es als Außenstehender beurteilen kann, konnten die Kampagnen Ganser bisher nicht kleinkriegen – im Gegenteil: Vielleicht haben sie ihn einfach nur noch bekannter gemacht, was ein Zeichen dafür wäre, dass sich bestimmte Mechanismen der Diffamierung und der Meinungsmache abgenutzt haben. Das Beispiel des Prominenten Ganser ist allerdings nicht einfach übertragbar. Außerdem sollte die Wirkung auch abgenutzter Meinungsmache auf weniger informierte Zeitgenossen nach wie vor nicht unterschätzt werden.

**Tobias Riegel** *ist seit 2018 Redakteur bei den NachDenkSeiten. Die Schwerpunkte seiner Arbeit liegen bei Medienkritik, Feuilleton und Politik.*

# Patrik Baab – »umstritten«, weil er Journalismus wagt – von Roberto J. De Lapuente

Begegnet uns als Zuschauer ein Journalist in einem Kinofilm, wird er von den Drehbuchautoren häufig als besonderes Kaliber seiner Zunft präsentiert, der investigativ und unerschrocken zu Vorortrecherche reist. Der Betroffene befragt, trifft geheime Quellen – oder begibt sich in ein Kriegs- oder Krisengebiet. Für Hollywood sind das zuweilen potenzielle Heldenfiguren; integre Zeitgenossen, denen man vertraut, während mancher Schreibtischtäter im Film eher als lästiger, teils unangenehmer Zeitgenosse skizziert wird, der wenig Kompetenz, dafür aber viel Talent für eine reißerische Headline hat.

Zugegeben: Das ist eine vereinfachte Sicht, die die Filmindustrie sich hier leistet – aber *that's Hollywood!* Mit dem echten Leben hat dieses manichäische Bild des Journalistenberufes wenig zu tun, wie man auch am Fall des Journalisten Patrik Baab erkennen kann. Er ist einer von denen seines Berufsstandes, die dorthin gehen, wo es wehtut – oder wehtun kann. Der ehemalige NDR-Reporter Baab reiste in seiner Karriere mehrmals in Kriegsgebiete, setzte zuweilen sein Leben aufs Spiel. Er tat das für eine gute Recherche – das klingt zugegeben pathetisch, muss aber deswegen nicht unwahr sein.

Anders als im Kinofilm wird Baab in der Wirklichkeit nicht als jemand betrachtet, der seiner Zunft alle Ehre macht. Ganz im Gegenteil: Als er im September 2022 zwecks einer Buchrecherche in die Ostukraine reiste, erntete er einen Shitstorm. Initiiert von seinen Berufskollegen – oder denen, die sich für solche halten. Gemeinhin meldeten sich Leute zu Wort, die das Kriegsgebiet nicht bereisen, dafür am Schreibtisch sitzend viel Haltungsjournalismus im Umfeld des Krieges abwickeln und so die kognitive Kärrnerarbeit leisten, die notwendig zu sein scheint, um die allgemeine Zustimmung für den außenpolitischen Kurs der Bundesregierung zu erhalten.

## Ein Unternehmen für Außen- und Onlinewerbung berichtet

Die Inaugenscheinnahme der Verhältnisse vor Ort – das gehört für Patrik Baab zum journalistischen Standard und als Lehrbeauftragter für Journalismus bläute er das über viele Jahre seinen Studenten ein. Sich selbst ein Bild zu machen, nicht zu glauben, was andere – insbesondere auch andere Journalisten – behaupten: Genau das macht einen guten Reporter aus.

Unter diesem Aspekt wollte Baab also in die Ostukraine. Die Reise selbst war schon im Jahr 2021 geplant, erklärte der Autor selbst. Dass ein Krieg dazwischenkommen würde, war vielleicht absehbar, aber auf dem Plan hatte Baab diese Eskalation nicht. Er wagte den Schritt dennoch – oder jetzt erst recht; seine journalistische Neugier wuchs mit der Eskalation an. Via Russland reiste er ein: über die Route Kaliningrad–Moskau–Rostow in den Donbass. Begleitet von Sergey Filbert, einem deutsch-russischen YouTuber, der keinen Hehl aus seiner NATO-kritischen Haltung macht.

Zur damaligen Zeit fanden jene im Westen stark kritisierten Referenden in Luhansk, Donezk und Cherson statt, bei denen über den Beitritt der Regionen zur Russischen Föderation abgestimmt werden sollte. Baab war zugegen. Er beobachtete die Geschehnisse vor Ort als Journalist – nicht aber, wie man ihm hernach unterstellte, als offizieller Wahlbeobachter. Journalisten beobachten ja oder sollten sie jedenfalls: Das ist ihre berufliche Pflicht – das macht in diesem Falle den journalistischen *Beobachter* allerdings noch lange nicht zum offiziellen Wahl*beobachter*. Die werden gemeinhin berufen oder eingeladen. In diesem Falle von der Zivilkammer der Russischen Föderation. Die führte den deutschen Journalisten auch nicht auf ihrer Website auf. Kein Wunder, denn Patrik Baab hat eine solche Einladung nie erhalten – er war in eigener Sache an Ort und Stelle, machte eigene Beobachtungen.

Dennoch folgte die Reaktion prompt: Ein Bericht von Lars Wienand für das Webportal von t-online stellte in den Vordergrund,[1] dass ein NDR-Reporter – Baab eben – bei jenen Referenden als Wahlbeobachter fungiere und damit die strittige Vorgehensweise Russlands legitimiere.

Andere Medien sprangen auf die Berichterstattung von t-online auf, was einigermaßen kurios ist. Denn t-online als eine journalistische Plattform zu betrachten, darf getrost als erstaunlich bezeichnet werden. Das Portal gehört der Werbefirma Ströer. Reise- und pendelfreudige Bürger dürften das Unternehmen, das in den Bereichen Außen- und Onlinewerbung, Dialogmarketing, E-Commerce und Datensoftware agiert, kennen, denn es füllt die Leinwände und Displays im Nah- und Fernverkehr mit Content, also mit Inhalten. Wer sich gewundert hat, warum man beim Warten auf die S-Bahn immer wieder Meldungen von t-online oder dem Magazin für eine junge Zielgruppe watson.de präsentiert bekommt, dem sei gesagt: weil beide Plattformen Ströer gehören. Ebenso wie giga.de und kino.de.

Großkunde von Ströer ist: der Bund – und damit der Staat. Denn die Werbung wird von der Öffentlichkeit (die Deutsche Bahn AG befindet sich zu 100 Prozent in Besitz des Bundes) finanziert. Das Portal von t-online ist also kein klassisches Medium (und es ist daher auch nicht im Deutschen Presserat vertreten), sondern ein werbefinanzierter Content-Lieferant, der sich zufälligerweise auch noch in Abhängigkeit des Staates befindet. Dass ausgerechnet t-online immer wieder mit staatsnaher Berichterstattung glänzt, ist natürlich und selbstverständlich und ohne jeden Zweifel nur reiner Zufall – wenn man aber bedenkt, wer Ströers Dienstleistungen entlohnt, könnte man vermutlich ganz andere Schlüsse ziehen. Mit einiger Berechtigung ließe sich t-online als *getarntes Staatsmedium* bezeichnen.

## Ein Journalist zwischen drei Fronten

Mittlerweile wird t-online aber in einem Atemzug mit allerlei Tageszeitungen und Magazinen genannt. Und manche Medien greifen gerne das auf, was Ströer publizieren lässt. So eben auch im Falle Patrik Baabs, der nach Lars Wienands Artikel namens »Scheinreferendum, hurra!« durch die Presse gereicht wurde.

Am 26. September 2022 »berichtete« t-online. Einen Tag danach nahm Spiegel online sich des Themas an[2] und nannte Baabs Rechercheriese ein »Abenteuer« – überhaupt würden dessen Positionen »gut in die russische Propaganda« passen, urteilte Redakteur Anton Rainer. Denn Russland setze »im Kampf um die Deutungshoheit auch auf die Glaubwürdigkeit westlicher Journalisten«. Dieses »Bahnbrechende« taugt im Grunde genommen nichts für Empörung. Trocken lässt sich sagen: So ist das eben. Natürlich versuchen feindliche Lager immer, die eigene Glaubwürdigkeit durch Stimmen der Gegenseite zu unterstreichen: Das gehört zur kognitiven Kriegsführung und zur Propaganda dazu. Aber weshalb ist diese russische Strategie Baabs Position? Baab wird von Spiegel online als »Wahlbeobachter« vorgestellt – in Anführungszeichen. Immerhin.

Ebenfalls am 27. September 2022 konnte man auf der Webseite des Schleswig-Holsteiner Zeitungsverlages (sh:z) lesen,[3] dass Baab »auf eigene Faust den Wahlbeobachter« gebe. Ohne Anführungsstriche. Gleich der erste Satz des Artikels von Eckhard Gehm zeigt die Marschroute an: »Läuft dem NDR gerade ein Mitarbeiter völlig aus dem Ruder?« Dass der NDR die Reise noch nicht bewerten wolle, klingt bei Gehm ein bisschen vorwurfsvoll – als wolle er die öffentlich-rechtliche Anstalt zu harten Konsequenzen drängen.

Unter »Ansichten eines Grenzgängers« befasste sich am 30. September 2022 die *Welt*[4] mit der Angelegenheit – der »Grenzgänger« hier in doppelter Konnotation: als jemand, der im Grenzland nach Fakten sucht, und als jemand, der gesellschaftlich die Grenzen auslotet, ja sogar bricht, indem er tut, was geächtet wird. Georg Altrogge, der sich mit Baab dort auseinandersetzt, spannt den Bogen zum NDR-Skandal, der annähernd zeitgleich von den Medien verfolgt wurde. Baab kritisierte diesen Skandal betreffend deutlich die parteipolitische Einflussnahme auf Recherchen und die sich daraus ergebende Zensur bei seinem Haussender. Dennoch kommt Patrik Baab auch dort irrtümlicherweise als Wahlbeobachter vor. Baabs Journalistenkollegen tun ganz offensichtlich, was er für nicht statthaft hält: voneinander abschreiben – und eben nicht selbst recherchieren.

Am 5. Oktober 2022 befasst sich das NDR-Medienmagazin *Zapp*[5] mit Baab und dem Skandal um seinen Sender. Dort wird der Kritiker der im Hause vorherrschenden Beeinflussungspraxis als Querulant skizziert. Dass er in den letzten Jahren auch Gespräche mit Daniele Ganser und Ken Jebsen geführt habe, wird selbstverständlich in dem Bericht ausgeschlachtet. Der etwa achtminütige Beitrag ist ein einziger Verriss des Journalisten Baab. Und das bei seinem eigenen Haussender, bei dem er 25 Jahre arbeitete. Dem kam das Medienecho betreffs seiner Rechercheреise gerade recht. Auf diese Weise konnte der NDR den Skandal um seine Nähe zur schleswig-holsteinischen Politik zu entkräften versuchen: Denn wenn der ärgste Kritiker ein Wahlbeobachter und Verschwörungstheoretiker ist – *Zapp* machte deutlich, dass Baab ein solcher sein könnte –, dann weichen sich die Vorwürfe doch qua Kontaktschuld fast automatisch auf.

Die meisten Berichte über den vermeintlichen Wahlbeobachter entstanden, als Patrik Baab noch im Kriegsgebiet verweilte. Als er »auf beiden Seiten der Front«[6] agierte – so wird später auch der Titel seines Buches lauten. Aber gleichzeitig tat sich eine dritte Frontlinie für ihn auf: ein medialer Frontverlauf, den er parallel zum realen Krieg, jenem, der mit Waffengewalt und Bombeneinschlägen ausgetragen wird, im Auge behalten musste. Tatsächlich wären Baab und sein Begleiter Filbert beinahe Opfer eines Raketeneinschlags geworden. Der Journalist war also urplötzlich zwischen drei Fronten geraten – weil er seinen Job machte und den Dingen auf den Grund ging. Und wie in jedem Krieg konnte man auch an dieser dritten Frontlinie etwas verlieren. Vielleicht nicht sein Leben, wohl aber seine Reputation – und damit einhergehend seinen Job, was im Falle Baabs, der in jener Zeit beim NDR bereits in Altersteilzeit war, etwaige Lehraufträge betraf. Und genau so kam es auch.

## Eine Recherche und ihre Folgen

Just mit Erscheinen des t-online-Berichtes distanzierte sich die Hochschule für Medien, Kommunikation und Wirtschaft (HMKW) in Berlin von Baab. In der Vergangenheit hatte der Journalist als Lehrbeauftragter dort gewirkt. Unter anderem hieß es in der Begründung der HMKW[7], Baab gebe »den Aggressoren ein willkommenes Feigenblatt an die Hand«. Außerdem betreibe er »journalistische Scheinobjektivität«. Interessant ist die Einleitung des Begründungstextes, in der man davon spricht, man habe von der Sache erst »vor wenigen Minuten durch den Artikel *Scheinreferendum, hurra* von Lars Wienand (t-online.de) erfahren« – nach wenigen Minuten hat man demnach schon entschieden? Das klingt nicht nach einer umsichtigen Prüfung: eher nach einem günstigen Moment für Leute, die ein politisches Exempel statuieren wollen. Und was bedeutet überhaupt, man habe davon erfahren? Gab es einen Hinweis – oder liest die Professorenschaft vorzugsweise t-online?

Den außenpolitischen Kurs der Bundesregierung nicht zu hinterfragen, sich hinter die politische Entscheidung zu stellen, diplomatisch keinen Friedensprozess anstoßen zu wollen: Das galt und gilt vielen Köpfen und Institutionen im Lande weiterhin als staatsbürgerliche Pflicht. Der Burgfrieden hat gewissermaßen seine Neuauflage gefunden. Wo man kann, reiht man sich ein. Baabs Reise musste im Herbst 2022 dafür herhalten, damit einige die eigene regierungsnahe Haltung herauskehren konnten.

Da Patrik Baab keinen gültigen Vertrag mit der HMKW hatte, konnte er gegen diese Entscheidung nach Minutenfrist nicht vorgehen. Im Falle der Christian-Albrechts-Universität zu Kiel (CAU) sah das etwas anders aus, denn es existierte bereits ein Vertrag für das kommende Jahr. Sie entzog ihm dennoch eine Woche nach der HMKW den Lehrauftrag. Die Begründung: faktisch dieselbe. Offenbar machte man sich in Kiel nicht mal die Mühe und kontaktierte Baab vorab. Begründung seitens der CAU: Es sei »Gefahr in Verzug« gewesen. Man rätselt, was das bedeuten soll: Stand Baab mit Panzern vor Kiel? Nein, es ging der CAU um den vermeintlichen Ansehensverlust der Universität.

Gegen diesen »Widerruf der Lehrtätigkeit« seitens der CAU ging Baab gerichtlich vor. Er warf der Universität eine mangelnde Sorgfaltspflicht beim Überprüfen von Pressemeldungen zu Baabs Reise vor. Die CAU habe eben genau das getan, wovor Baab als Journalist dringlich warnt: Sie hat ungeprüft Behauptungen übernommen. Aus diesem Grund, so könnte man entgegenhalten, trat er seine Reise in die Ostukraine an: nämlich deshalb, dass ihm ein ungeprüftes Übernehmen von Behauptungen bei seinem Buchprojekt nicht widerfährt.

Am 25. April 2023 hat Patrik Baab diesen Rechtsstreit gewonnen. Die Urteilsbegründung des Schleswig-Holsteinischen Verwaltungsgerichtes[8] kann so interpretiert werden: Die Uni Kiel hat die Pressefreiheit geopfert. Dort werden ausdrücklich »die Wissenschaftsfreiheit nach Art. 5 Abs. 3 Satz 1 GG und die Pressefreiheit nach Art. 5 Abs. 1 Satz 2 Var. 1 GG« betont, auf die sich der Kläger berufen könne. »Der Schutzbereich der Pressefreiheit gewährleistet«, so das Gericht etwas ausführlicher, »in seiner subjektiv-rechtlichen Dimension den im Bereich der Presse tätigen Personen und Organisationen Freiheitsrechte gegen den Staat; er garantiert darüber hinaus in seiner objektiv-rechtlichen Bedeutung das Institut der Eigenständigkeit der Presse.«

Die Pressefreiheit, so heißt es weiter, »beinhaltet in Bezug auf Druckerzeugnisse alle Verhaltensweisen, die der Gewinnung, Aufbereitung und Verbreitung von Meinungen und Tatsachen für die Öffentlichkeit dienen [...]. Trägern der Pressefreiheit steht zudem ein subjektives Abwehrrecht auch gegen mittelbare Beeinträchtigungen zu.« Das Gericht betont ausdrücklich, dass auch Baabs Reise in der Ostukraine zur Zeit der Referenden unter diesen Schutz fällt, da er für ein Buch recherchierte und als Journalist auftrat.

Patrik Baab war ja, wie gesagt, journalistischer Lehrbeauftragter in Kiel. Dort unterrichtete er Recherche, kritisches Hinterfragen, kurz gesagt: Er zeigte auf, was Pressefreiheit leisten kann und muss – und dies an einer Universität, die gerichtlich attestiert bekam, dass sie ebenjene Pressefreiheit nicht nur nicht würdigte, sondern auch torpedierte, vermutlich weil es politisch opportun erschien. Ein fatales Zeugnis für die Lehranstalt. Man kann jetzt nur hoffen, dass dort ausgebildete Journalisten im Laufe ihres Studiums erfassen werden, was pressefreiheitliche Qualität eigentlich bedeute. Die CAU trennte sich von Baab unter dem Gesichtspunkt eines etwaigen Ansehensverlustes. Nach diesem Urteil kann der Ansehensverlust für die Universität gleichwohl nicht größer sein.

Ob Baab indes seinen Lehrauftrag zurückerhält, bleibt fraglich. Eine Anfrage an die CAU seitens des Autors dieser Zeilen blieb unbeantwortet.

Lars Wienand von t-online trat währenddessen noch mal nach. Am 10. August 2023 schrieb er[9], dass sich Baab »mit [dem] Donbas-Referendum den Ruf« ruiniert habe. Mit dem Referendum? Das klingt, als habe er es initiiert. Und hat Baab sich überhaupt ruiniert? Oder wurde er stattdessen nicht ruiniert? Und wer hat mit der ursprünglichen Stigmatisierung begonnen? Wienands Ausführungen sind von Beißreflexen geprägt. Noch immer gilt Baab für ihn in seinem Nachblick (oder Nachtritt!) als Wahlbeobachter – wenngleich nun mit der Einschränkung, er sei »vermeintlicher« Wahlbeobachter gewesen. Der NDR-Journalist habe damit die Referenden legitimiert, lediglich Nordkorea habe die Abstimmung umgehend anerkannt. Baab und Nordkorea also: die Achse des Bösen für Wienand und t-online.

In diesem Stil geht es für Wienand weiter. Natürlich zitiert er auch die Alternative für Deutschland (AfD), die sich offenbar vernünftiger benommen habe als Baab – und zwar, indem sie bzw. ihre Delegierten vorzeitig abreisten, um bei den Referenden nicht anwesend zu sein. Wienand widmet dem Gerichtsurteil in seinem Artikel lediglich wenige Zeilen – es scheint ihn nicht sonderlich zu interessieren, dass die Richter Baab nicht etwa aus Mangel an Beweisen zu seinem Recht verholfen haben, sondern indem sie klar im Sinne der Pressefreiheit argumentierten.

Eine Anfrage an Lars Wienand blieb ohne sachliche Beantwortung. Wie wurde er auf den Fall Baab aufmerksam? Wieso erschien ihm eine Rechercherreise als so berichtenswert?

## Baab ist dennoch kein Opfer

Journalisten wie Patrik Baab kommen aus einer anderen Zeit, in der es noch als selbstverständlich galt, bei den Mächtigen oder auch nur beim eigenen Redakteur anzuecken. Natürlich sind Journalisten narzisstisch, ein Umstand, den Patrik Baab in seinem oben genannten Buch – aber auch im Dialog – auch für sich selbst bestätigt. Sie wollen von sich reden machen. In früheren Tagen gelang das durch einen investigativen Coup, durch eine schwer ans Tageslicht geförderte Information, die man präsentieren konnte. Heute macht man von sich reden, wenn man Narrative stützt, die Wirtschaft und Politik etablieren möchten. In diesem neuen Sinne ist Baab freilich ein schlechter Journalist – gerade weil er ein guter Journalist ist.

Baab selbst sieht sich nicht als Opfer. Als Journalist, so sagt er, sei er immer auch Täter, denn er sei Teil der Auseinandersetzung. Wenn er rausgeht, um zu recherchieren, kalkuliert er den Gegenwind mit ein. Opfer wird einer, der unwissentlich in eine missliche Lage gerät – Baab weiß, dass er in etwas hineingeraten kann: Das ist sein Berufsrisiko. Es ist ein bisschen so, wie der französische Mathematiker und Philosoph Blaise Pascal es einst ausdrückte: »Das ganze Unglück der Menschen kommt daher, dass sie nicht ruhig in einem Zimmer bleiben können.« Der Journalist weiß, wenn er nicht auf seinem Zimmer bleibt, kann es unglücklich enden.

Die Causa Baab zeigt, dass Journalismus ein Delikt darstellt in diesen postfaktischen Tagen. Aber nur dann, wenn er mit allen Sorgfaltspflichten ausgeführt wird. Wer vom Schreibtisch aus Journalismus spielt (Baab nennt sie »Sitzjournalisten«), weil er halbwegs in der Lage ist, mit dpa-Meldungen umzugehen, sitzt auf der sicheren Seite eines Berufsstandes, der gerade dabei ist, sich selbst abzuschaffen. Um das zu verhindern, ist es dringend notwendig, dass die Expertise eines Mannes wie Baab nicht verloren gehen darf. Er sollte nicht einer der letzten seiner Art sein: Denn er hat vielen jungen Leuten, deren Traumberuf im Journalismus liegt, noch viel zu zeigen. Ihn nicht mehr lehren zu lassen, bedeutet letztlich auch, sein Know-how zu verlieren. Das können nur Leute wollen, die Journalismus als Hofberichterstattung begreifen: Und das sind die Kräfte der Gegenaufklärung.

Man machte einem Journalisten Vorwürfe, weil er seine Arbeit tat. Wenn schon alleine die Anwesenheit eines Journalisten bei kritischen Ereignissen zur Legitimation ebendieser führen soll, dann wäre – dialektisch betrachtet – Berichterstattung im eigentlichen Sinne gar nicht mehr denkbar. Denn der Journalist wäre qua Anwesenheit schon ein beeinflussender Faktor, der nicht mehr als Chronist der Ereignisse wirken könnte, sondern Ereignisse nur durch sein Dasein manipuliert. Vielleicht ist das ja der Grund, warum der professionelle Journalismus heute immer seltener Recherchen vor Ort betreibt: weil er sich raushalten will. Träfe das zu, käme das freilich einem Offenbarungseid dieses Berufsstandes gleich.

**Roberto J. De Lapuente**, *Jahrgang 1978, ist gelernter Industriemechaniker und betrieb acht Jahre lang den Blog ad sinistram. Seit 2017 ist er Mitherausgeber des Blogs neulandrebellen. Er war Kolumnist beim Neuen Deutschland und schrieb regelmäßig für Makroskop. Seit 2022 ist er Redakteur bei Overton Magazin. De Lapuente hat eine erwachsene Tochter und wohnt in Frankfurt am Main.*

# Michael Meyen – »umstritten«, weil er als Professor Mainstreammedien kritisiert – von Ole Skambraks

Michael Meyen wäre am liebsten Sportkommentator geworden, ein zweiter Heinz Florian Oertel, »der Goldmedaillen zu Gänsehauterlebnissen machen konnte und dabei jedes Parteichinesisch vermied«[1]. Damit ist klar: Meyen kommt aus dem Osten. Geboren 1967 auf Rügen, hat er die letzten Tage der DDR am »roten Kloster« in Leipzig als Student der Sektion Journalistik erlebt. Seine Anstellung 2002 als Professor für Kommunikationswissenschaft am IfKW, Institut für Kommunikationswissenschaft und Medienforschung der Ludwig-Maximilians-Universität (LMU) München, erstaunt ihn noch heute. Professor Meyen – ein bayerischer Beamter mit ehemaligem SED-Parteibuch. Als Ossi fühlt er sich in München unter Generalverdacht und unter dem Zwang, permanent beweisen zu müssen, was er kann. Akademische Planübererfüllung sozusagen.

Meyen veröffentlicht zahlreiche Publikationen, erst auf Deutsch, dann auch auf Englisch. Er wird Sprecher von drei Forschungsverbünden und reist von Tagung zu Tagung um die Welt: Fukuoka, Leicester, Moskau, dazwischen ein Projekt in Sri Lanka.[2]

2019 heißt es, Meyen stehe an der »Speerspitze der Forschung«[3]: Einladung vom Ministerium, Treffen mit dem Staatssekretär, fünf Millionen Euro aus dem großen Forschungstopf zur DDR.

In seinem Blog *Medienrealität* macht er, was ein kritischer Kommunikationswissenschaftler tun sollte.[4]

Er beobachtet die Medien – kritisch! Er öffnet auch den Blog für seine Studenten und Mitarbeiter. Bemerkenswert gute Beiträge kommen zustande.[5]

2018 gibt Meyen KenFM zwei Interviews. Das hat ein Nachspiel, zunächst hinter den Kulissen. Dann äußert sich Meyen auch entgegen dem etablierten Narrativ zu Corona. Im Mai 2020 beginnt die öffentliche Kritik. Sebastian Krass, Journalist bei der *Süddeutschen Zeitung*, verfasst einen Artikel unter der Überschrift »ein Blog der Unmut auslöst«. Darin heißt es:

*»Michael Meyen ist Professor für Kommunikationswissenschaft an der Ludwig-Maximilians-Universität (LMU) und Sprecher des bayernweiten Forschungsprojekts ›For Democracy‹, in dem es um die Zukunft der Demokratie geht. Meyen gibt aber auch dem Verschwörungstheoretiker Ken Jebsen Interviews, und er betreibt den Blog ›Medienrealität‹, der fragwürdige Thesen verbreitet.*

*Der Ärger über Meyens Wirken köchelt schon länger im Institut für Kommunikationswissenschaft (IfKW), am Montag hat sich die Leitung erstmals öffentlich distanziert: Der Blog sei ›eine private Initiative von Prof. Meyen‹, heißt es in einer Stellungnahme. Man lege ›Wert auf die Feststellung‹, dass die dort ›geäußerten Positionen nicht die Meinung des IfKW als Institution widerspiegeln‹. Man habe ›keine Möglichkeit, auf die Inhalte Einfluss zu nehmen‹. Denn dem stehen die Meinungs- und die Wissenschaftsfreiheit entgegen.«*[6]

Marcus Klöckner nennt den SZ-Beitrag im Onlinemagazin Telepolis eine »Anklageschrift im Nachrichtenformat«.[7]

Ab dieser Zeit tauchen immer wieder ähnliche, von lautem Raunen geprägte Medienbeiträge auf. So fragt etwa Sandra Demmelhuber vom Bayerischen Rundfunk: »*Ken Jebsen als Quelle – Wie soll Wissenschaft sein?«*[8]

Einen Tag später legt der Münchner Merkur nach:

*»Münchner Professor nennt Verschwörungstheoretiker als Quelle – Wie weit darf Wissenschaftsfreiheit gehen?«*[9]

Die Quelle, um die es geht, ist der Film »Die dunkle Seite der Wikipedia« von Markus Fiedler.[10] Meyen empfiehlt ihn seinen Studenten im ersten Semester, als Teil der Antwort auf die häufig gestellte Frage: »Darf ich *Wikipedia*-Einträge zitieren?«[11] Dieses Detail wird beim Bayerischen Rundfunk und vom *Merkur* nicht erwähnt. Es reicht für die Anklage, dass der Film bei KenFM zu sehen ist.

Im Februar 2022 erscheint von Paul Hildebrandt im *Zeit Campus Magazin* ein achtseitiger Artikel über Meyen mit dem Titel:
*»Ein Prof driftet ab –*

*Ein Münchner Medienwissenschaftler verbreitet Verschwörungsmythen.«*

Darin stellt Hildebrandt offen die Frage: »Warum darf er immer noch lehren?«[12]

Es gibt weitere Angriffe. Von »Speerspitze der Forschung« ist nichts mehr zu lesen. Jetzt heißt es, »Prof. Dr. Kokolores«[13] habe ein Antisemitismusproblem[14], verbreite »verschwörungsideologische Inhalte«[15] und sei »nach rechts offen«[16], obwohl er eigentlich »mal als Linker begonnen«[17] habe.

Die im Frühjahr 2023 gestartete Kampagne gegen Meyen in Zeitungen und sozialen Netzwerken übertrifft alles bis dahin Publizierte in Härte und Umfang. Die *Süddeutsche Zeitung* und das Portal t-online erklären ihn zum »umstrittenen Professor«[18]. Die dpa veröffentlicht eine Pressemitteilung. Berichte bringen auch *die taz*, die *Augsburger Allgemeine*, der *General-Anzeiger*, Spiegel online, der Bayerische Rundfunk, die *FAZ* und die *Frankfurter Rundschau*. In der *SZ* gibt es an manchen Tagen sogar mehrere Artikel. Die Berichterstattung eint zum Großteil – so darf man es sehen –, dass sie es auf die Zerstörung von Meyens Ruf abgesehen hat.

In einem Text für das Onlineportal Manova setzt sich Meyen damit auseinander und veröffentlicht die Anfragen einiger Medienvertreter. Für ihn handelt es sich dabei nicht um Journalismus, der unvoreingenommen auf die Wirklichkeit blickt und vermeintliche Wahrheiten immer wieder überprüft. Vielmehr hätten alle mehr oder weniger voneinander abgeschrieben und die Haltung der Schreiber sei von Anfang an klar gewesen. Meyen erklärt:

*»Ich habe das Wort Journalist in Anführungszeichen gesetzt, weil diese Haltung in den vielen Mails, die ich in den letzten Wochen aus Redaktionen im ganzen Land erhalten habe, nur ein einziges Mal durchschimmerte – geschrieben von einem Ruheständler, der für den Bonner General-Anzeiger jobbt. Ich habe auch diesem Herrn nicht geantwortet, weil mir entsprechende Versuche in der Vergangenheit stets im Mund umgedreht und lediglich als Beleg dafür herangezogen wurden, dass man mit mir gesprochen und folglich das Qualitätskriterium erfüllt habe, auch die andere Seite anzuhören.«*[19]

Das Muster der Schmutzkampagne ähnelt dem, was auch andere als #umstrittenen deklarierte Menschen erfahren müssen: ein Geschehnis, das mithilfe von einschlägigen Vokabeln und Kontaktschuld zu einem Empörungsfall konstruiert wird (die ersten Artikel). Dann folgen Medienanfragen bei Institutionen und Behörden: »Wie stehen Sie zu ...«, »sehen Sie Anlass für ...«. Als Beweise dienen die eigens verfassten Vorwürfe (Fortsetzungsartikel). Der Höhepunkt ist erreicht, wenn dem Mediensturm tatsächliche Konsequenzen folgen (Titelgeschichte). *SZ*-Autor Sebastian Krass sehnt sie sich förmlich herbei:

»Es sind Worte [des bayerischen Wissenschaftsministers Markus Blume], die als Ansage an LMU-Chef Huber zu verstehen sind, mehr gegen Meyen zu unternehmen als bisher.«[20]

Gegen Michael Meyen läuft mittlerweile ein Disziplinarverfahren. Man hat Zweifel an seiner Verfassungstreue. Die Kampagne hat Wirkung entfaltet.

Doch was ist eigentlich passiert? Ein Interview auf Spurensuche.

*Anmerkung des Autors: Ich kenne Michael Meyen von mehreren Veranstaltungen und persönlichem Mailaustausch. Wir duzen uns. Aus Transparenzgründen bin ich im Interview beim »Du« geblieben.*

## Alles verloren

Im Frühjahr 2023 kam es zu einer Kampagne gegen dich in den Medien und sozialen Netzwerken, bei der du nahezu alles verloren hast, was dich als Wissenschaftler ausgemacht hat.[21]

Grund war dein Einstieg als Herausgeber bei der Wochenzeitung *Demokratischer Widerstand*. Gemacht wird das Blatt von Anselm Lenz und Hendrik Sodenkamp, Mitherausgeber ist der italienische Philosoph Giorgio Agamben. Die Publikation ist aus den Berliner Grundrechtedemos während der Coronazeit hervorgegangen. Vom Mainstream werden für den *DW* Etikette verteilt wie »Neue Rechte«, »extremistische und verschwörungsideologische Positionen«, »nachweisbar Fehlinformationen verbreitend«, »rechtsextremistisch«.

**Hattest du vor deinem Schritt eine leise Ahnung, dass der Einstieg in die Herausgeberschaft beim DW Gegenwind produzieren würde?**

Kommt darauf an, wie du »leise Ahnung« definierst. Ich habe ja viele Sachen gemacht, die Angriffsfläche bieten. Ein Buch im Rubikon-Verlag und eins bei Ovalmedia zum Beispiel, in denen es um Propaganda geht und um die Schauspieleraktion #allesdichtmachen, Interviews bei Indubio und dann im Kontrafunk, etliche Vorträge und journalismuskritische Artikel, dazu über 20 Apolut-Gespräche, die sich zum Teil um Tabuthemen drehen wie 9/11 oder das Klimanarrativ. Deshalb weiß ich gar nicht, ob der DW tatsächlich der Grund für die Kampagne war. Eher der Anlass. Diese Zeitung wird zwar von ihren beiden Machern als Nabel der Welt beschrieben und vielleicht auch von einigen Lesern so gesehen; außerhalb dieses Milieus aber wusste man vorher vermutlich gar nicht, dass es so ein Wochenblatt gibt. Vielleicht ging es also gar nicht um mich, sondern um eine Zeitung, die sich allein schon durch die Papierform dem Überwachungskapitalismus entzieht.

## Neuland

**Im Buch »Wie ich meine Uni verlor« beschreibst du, wie sich plötzlich so gut wie alle von dir abgewendet haben. Die Institutsleitung hat sich per Stellungnahme distanziert. Die Fachschaft führte eine saloppe Umfrage durch. Ergebnis: 86 Prozent lehnen deine »politischen Äußerungen und publizistischen Tätigkeiten« ab.[22] Du bist in zwei Forschungsverbünden als Sprecher abgesetzt worden. Ein schon abgenommenes Manuskript für einen Buchbeitrag wurde gecancelt. Aus dem Editorial Board des »Journals für Sportkommunikation und Mediensport«, das du mit aufgebaut hast, wurdest du hinauskomplimentiert. Auf dem Sommerfest der Uni standst du mit deinem Bier alleine herum.**

**Was hat dir in dieser Zeit Halt gegeben?**

Eine schwierige Frage, weil das so klingt, als ob ich kurz davor war, in einen Abgrund zu stürzen, und jemanden oder etwas brauchte, das mich stützt. Halt kommt in aller Regel eher von innen als von außen. Ich bin ja gewissermaßen im Nebenfach auch Wissenschaftssoziologe und Wissenschaftshistoriker, weil ich von Anfang an verstehen wollte, wie die Universität funktioniert und was die Kollegen so antreibt. Das hat sicher mit dem Umbruch zu tun, den ich 1990/91 in der Leipziger Journalistik erlebt habe, und später damit, dass ich verstehen wollte, wie die Fachgemeinschaft tickt, in die ich eher zufällig hineingeraten war. Man kann diesen Dingen natürlich in Zeitzeugengesprächen nachgehen oder in den Archiven, so richtig klar wird das alles aber erst, wenn man es selbst erlebt. Wenn man plötzlich im Zentrum von Konflikten steht, in denen es auch um das Wissenschaftsverständnis geht und um die eigene Rolle als Forscher. Wenn man wenigstens vor sich selbst verteidigen muss, was man macht. Insofern habe ich von all den Dingen profitiert, die du in deiner Frage antippst. Das Buch ist Ergebnis dieses Lernprozesses. Ich bin wenigstens für mich selbst auf Neuland gegangen, was immer nur funktioniert, wenn man ein paar Menschen um sich hat, die daran glauben, dass sich das lohnt, und einen dabei unterstützen, auch durch Kritik. Für mich ist meine Frau da ganz wichtig und auch meine Tochter mit ihrer Familie.

## Herausgeber

**Es gibt ein kurzes Video, in dem dich Lenz und Sodenkamp als Herausgeber begrüßen.[23] Der Clip wirkt auf mich, als würdet ihr euch nicht gut kennen. Ist das so?**

Hendrik Sodenkamp habe ich da zum ersten Mal gesehen. Wir hatten zwei Jahre vorher einmal telefoniert, als er Talente für seinen Verlag suchte. Anselm Lenz habe ich einige Male am Apolut-Set getroffen, wobei das sehr kurze Begegnungen waren, weil wir uns dort eigentlich nur den Staffelstab übergeben. Ein Interviewer ist fertig und reist ab, der andere kommt und fängt an. Ich kannte auch die Zeitung »Demokratischer Widerstand« nicht wirklich, obwohl ich 2021 am Telefon von Anselm Lenz interviewt wurde und zwei oder drei kleinere Texte beigesteuert habe. Ich weiß aber, welche Leistung dahintersteckt, wenn man so etwas über einen längeren Zeitraum durchzieht. Woche für Woche 15 Seiten. Autoren finden, die Redaktion bei Laune halten, Geld und Leute für Druck und Vertrieb besorgen.

Ich wusste auch, dass es Kritik an den Inhalten gab, vor allem am Tonfall einiger Texte. In Kurzform: zu reißerisch, zu aggressiv, vielleicht auch zu selbstgefällig. Oder auch: zu wenig Journalismus und zu viel Haltung. Als mich Anselm Lenz gefragt hat, ob er mich als Mitherausgeber nennen könne, habe ich erst zurückgezuckt, dann aber gedacht, dass ich helfen kann, den DW besser zu machen. Wir haben uns darauf geeinigt, uns jeweils nach vier oder fünf Ausgaben zusammenzusetzen und zu schauen, was gut war und was weniger gut. Dazu ist es dann nicht gekommen, weil das Wort Herausgeberschaft in der Kampagne, die du erwähnt hast, und auch von meiner Uni mit inhaltlicher Verantwortung für jeden Artikel, für jede Schlagzeile übersetzt wurde. Das war für mich schon logistisch gar nicht möglich. Die Zeitung wird in der Nacht zum Donnerstag in Berlin produziert. Ich sitze weit weg und habe einen Vollzeitjob. Die erste der beiden Ausgaben, auf denen mein Name als Mitherausgeber steht, habe ich bis heute nicht in der Hand gehabt. Und Nummer zwei auch nur, weil ich dann ein Abo abgeschlossen habe und im Briefkasten finden konnte, was die Mannschaft in Berlin gemacht hat.

## Motor der Spaltung

**Wie stehst du zu Umfragen des *DW*, ob man Maskenträger verprügeln darf oder ob man die Todesstrafe für Verantwortliche des Corona-Regimes wieder einführen sollte?**[24]

Ich kenne diese Sachen nicht. In der Zeitung standen sie nicht. Vermutlich Telegram, Instagram, X? Die Digitalkanäle haben eine andere Logik als gedruckte Zeitungen. Auf den Plattformen geht es um Moral und um klare Kante. Bist du dafür oder bist du dagegen? Eins und null. Dieser Code hat sich inzwischen in die Gesellschaft eingeschrieben, ist einer der Motoren der Spaltung und auch mitverantwortlich dafür, dass sich die Linken von ihrem Kernthema soziale Gerechtigkeit entfernt haben und stattdessen auf Identitätspolitik setzen. Ich muss nicht alles gut finden, was Anselm Lenz und Hendrik Sodenkamp machen, um für den »Demokratischen Widerstand« zu schreiben. Das sind erwachsene Menschen, die sich selbst für ihr Tun und Lassen verantworten können. Alles andere ist Kontaktschuld und damit der Tod von Journalismus, Wissenschaft, Diskurs.

## Wo ist die Uni?

**Du schreibst in »Wie ich meine Uni verlor«, dass der erste Tag im Sommersemester 2023 anstrengender war als alles, was du in den letzten zwanzig Jahren an der Uni erlebt hast.[25] Wie ist es mittlerweile?**

Vermutlich gibt es auch hier einen Gewöhnungseffekt. Nächste Woche beginnt das Wintersemester. Normalerweise hätte ich eine Pflichtvorlesung für die Neuen halten müssen zu Forschungsmethoden. So war das bisher immer. Jetzt haben Instituts- und Universitätsleitung gesagt, sie fürchten, dass sich nicht alle 200 Studenten von mir prüfen lassen wollen. Deshalb wurde eine Parallelvorlesung angesetzt zum gleichen Thema mit einer anderen Professorin. Außerdem wurde angeordnet, dass es eine Multiple-Choice-Klausur geben muss. Ich halte diese Prüfungsform für eine der Wurzeln des Übels, weil sie erstens suggeriert, dass es nur eine Wahrheit gibt, und zweitens sagt, dass jemand diese Wahrheit schon kennt, im Zweifel der Dozent. Das tötet Neugier und Eigeninitiative und damit das, worum es bei einem Studium eigentlich gehen sollte. Also habe ich meine Vorlesung abgesagt.

Meine beiden Mitarbeiter mussten in der Semesterpause zum Rapport beim Institutsdirektor. Einmal ging es um einen Seminarauftritt von Dirk Pohlmann und einmal um einen Workshop, bei dem ziemlich viel Prominenz bei uns in München war. Michael Esfeld, Sandra Kostner, Hauke Ritz, Dennis Kaltwasser, Patrik Baab. Ein Höhepunkt meines akademischen Lebens. Drei Tage mit tollen Debatten. Die Organisatorin wurde gefragt, warum sie Steuergelder für Leute ausgibt, die bei der Aktion #allesaufdentisch dabei waren. Also: Es wird nicht besser.

## Er hat KenFM gesagt

**Einen Wendepunkt in der öffentlichen Wahrnehmung deiner Arbeit stellt das Jahr 2018 dar. Damals warst du das erste Mal Gast bei KenFM. Der Moderator Ken Jebsen, der heute unter seinem bürgerlichen Namen Kayvan Soufi-Siavash auftritt, war laut Zeit Campus seinerzeit schon »umstritten«[26]. Dort, im »halbdunkelausgeleuchteten Raum des Sagbaren«, so einer deiner Ex-Doktoranden, hast du über dein aktuelles Buch gesprochen.[27] Es sollte eigentlich »Imperativ der Aufmerksamkeit« heißen, wurde vom Verlag aber in »Breaking News« umbenannt – um mehr Aufmerksamkeit zu generieren.**

**Was war dein Hauptanliegen, zu KenFM zu gehen?**

Das ist im Rückblick schwer zu sagen. Ich weiß nicht mal, ob deine These vom Wendepunkt stimmt. Ich würde da eher den Blog »Medienrealität« nennen, den ich 2017 mit meinen Mitarbeitern gestartet habe, sowie die gleichnamige Veranstaltungsreihe an der Münchner Uni und das »Netzwerk kritische Kommunikationswissenschaft« (Krikowi), auch 2017 gegründet. Im Blog habe ich versucht, das Wissen der Medienforschung zu übersetzen, und damit sofort Aufmerksamkeit bekommen. Wir hatten dann Leyla Imret im Hörsaal, einst jüngste Großstadtbürgermeisterin in der Türkei, Gabriele Krone-Schmalz, Max Uthoff, Kathrin Hartmann, Andreas Zumach. Der Raum war immer voll, und zum Teil ging es heiß her, auch bei der ersten Krikowi-Tagung.

Das Interesse an KenFM war dann die Folge. Zum einen wollte ich selbst sehen, wie dort gearbeitet wird, und zum anderen hatte der Kanal damals gewissermaßen ein Abo auf Autoren des Westend Verlags. Viele Autoren gingen dorthin, weil man wusste, dass die Gespräche gesehen werden. Der Verlagsleiter und sein Marketingchef haben gesagt: »KenFM würde dich gerne zum Interview einladen, Michael.« Und ich war neugierig.

## Zensieren

**Heute gibt es KenFM nicht mehr. Wie bewertest du die journalistische Arbeit von Ken Jebsen und das erzwungene Ende seines Portals?**

Ich habe 2018 ja zwei Gespräche gemacht. Erst zu »Breaking News« und dann zu »Die Kurden«. Keiner der anderen Interviewer war so gut vorbereitet wie Ken Jebsen. Er hatte die Sachen wirklich gelesen und dabei weitergedacht. Eine echte Herausforderung, dort 90 Minuten vor laufender Kamera gegen- und mitzuhalten. Ich habe mir dann andere Gespräche und auch einige Folgen der Sendung »Positionen« angeschaut und war beeindruckt von Gesprächsführung, Inszenierung, Informationsgehalt. Wo andere emotionalisieren, konfrontieren und ständig irgendwelche Einspieler brauchen, damit das Publikum nicht weiterzappt, blieb man hier beim Thema, mit Pro und Contra und allem Drum und Dran. Nach so einer Sendung war ich wirklich schlauer. Das Aus hat Hannes Hofbauer ja wunderbar analysiert in seinem Buch »Zensur«. Wenn ein Kanal eine bestimmte Aufmerksamkeitsschwelle überschreitet, wird er bedrohlich für das herrschende Narrativ. 500 000 YouTube-Abos und ein paar Millionen Klicks beim »Joker«-Video waren offenbar zu viel.

## Moralschilder

**Du bist regelmäßig in Sendungen des Nachfolgeportals Apolut zu sehen. Ist die Toleranz der Kollegen diesbezüglich gewachsen?**

Darüber sprechen wir nicht. Im Moment sprechen wir auch über andere Sachen nicht. Insofern tappe ich da im Dunkeln. Ich weiß nur, dass sich eine Historikerin auf Twitter darüber echauffiert hat, dass ich Hansjörg Müller interviewt habe. Ein AfD-Politiker, vier Jahre im Bundestag, der zu allem Überfluss auch noch in Moskau wohnt. Für diese Kollegin offenbar der leibhaftige Teufel. Ihre Tweets dürften dazu beigetragen haben, dass ich im Forschungsverbund »Das mediale Erbe der DDR« endgültig isoliert worden bin. Vor allem der akademische Nachwuchs ist sehr besorgt um das eigene Moralschild und scannt deshalb sehr genau, ob irgendwo Ungemach in Form von Kontaktschuld droht. Müllers Buch »Scheindemokratie« lohnt sich übrigens. Ich habe viel gelernt über Parteien und Parlamentarismus.

## Einmischung

In deinem Institut wird quantitative Forschung – also die Analyse von Datensätzen – großgeschrieben. Du bist eher in der qualitativen Analyse zu Hause mit Bezug zur Gesellschaftstheorie. 2019 hast du einen Text veröffentlicht, der Institutsleiter Carsten Reinemann zur Feststellung gebracht hat, dass euer »Vertrauensverhältnis völlig zerstört« sei.[28] Dein Artikel war eine Replik auf eine quantitative Studie deines Instituts, an der du nicht beteiligt warst. In dieser wurde festgestellt, dass Menschen, die populistische Einstellungen vertreten, Feindlichkeit gegenüber etablierten Medien hervorbringen. In deinem Text kritisierst du diesen Befund und wirfst deiner Branche vor, die herrschenden Machtverhältnisse zu stützen.[29] **Kannst du erläutern, was damit gemeint ist?**

Das scheint eine Ewigkeit her und damit fast Schnee von gestern. 2019 konnten wir all das ja bestenfalls ahnen, was dann ab März 2020 passieren würde. Ich habe mich damals vor allem an zwei Dingen gerieben. Zum einen wurden Menschen, die die veröffentlichte Meinung nicht teilen, »Medienfeinde« genannt. Der »Feind« ist ein Begriff aus dem Vokabular des Militärs. Der Feind ist mehr als ein Kritiker, ein Gegner, ein Kontrahent, ein Widersacher. Mit Feinden wird nicht verhandelt. Feinde schießen, und man schießt zurück. Wenn Wissenschaft so einen Begriff nutzt, das war mein Argument, dann schaufelt sie einen Graben, der sich nur noch schwer überbrücken lässt.

Zum anderen ging es um den Forschungsansatz und hier vor allem um die Frage, wie Einstellungen entstehen. Wie wird jemand zum Kritiker der veröffentlichten Meinung? In der Studie wurde die soziale Position genauso ausgeblendet wie die Qualität der Leitmedien. So konnte man zu dem Schluss kommen, dass die Nutzung von Alternativmedien Ursache für »Medienfeindlichkeit« ist – eine Einladung an die Politik, Kanäle wie KenFM zu zensieren oder zu schließen, was dann später ja auch geschehen ist. Ich habe das pointiert aufgeschrieben. Es ging schließlich um viel. Wenn sachlich gut begründete Kritik ein »Vertrauensverhältnis« zerstört, hat das vermutlich mit sehr unterschiedlichen Menschen- und Gesellschaftsbildern zu tun und mit der Frage, wie wir zusammenleben wollen. Ich gebe jedem einen Vertrauensvorschuss und gehe erst mal davon aus, dass sein Anliegen berechtigt ist.

## Feinde? Nein.

Du beschreibst dich als »kleines Lichtchen«[30]. Ein Professor für ein Fach, das so unbedeutend ist, dass man den meisten erst einmal erklären muss, was es genau ist. Dafür häufen sich allerdings die Versuche, dich und deine Forschung zu diskreditieren.

Im Sommer 2021 erscheint ein weiterer Vorstoß beim Bayerischen Rundfunk. In deiner Replik an die Intendantin Katja Wildermuth sprichst du von »Rufmord«. Du schreibst über das Aushöhlen von Meinungs-, Medien- und Wissenschaftsfreiheit, erklärst aber, dein eigener »Fall« sei eigentlich zu klein, um ein so großes Thema aufrufen zu können.[31]

Siehst du das immer noch so oder könnte es sein, dass in den letzten fünf Jahren deine Medienkritik deutlicher geworden ist und du damit erfolgreich bist? »Die Propaganda Matrix«, dein Buch von 2021, war auf der Spiegel-Bestsellerliste.

Meine Sicht auf mich selbst hat sich nicht verändert. Ich kenne ja meine Grenzen. Heute ist das Thema Journalismus aber sehr viel präsenter in der Öffentlichkeit. Vor zehn Jahren kamen vielleicht ein Dutzend Leute zu meinen Vorträgen, und auch das oft nur, weil sie dachten, mir einen Gefallen zu schulden. Heute sind die Säle voll. Man sieht das ja auch an den Mahnwachen, die Jimmy Gerum über den »Leuchtturm ARD« auf die Beine stellt. Wer hätte vor drei oder vier Jahren gedacht, dass gestandene Menschen Woche für Woche vor Funkhäuser und Verlage ziehen, um einen besseren Journalismus einzufordern? Mir hat all das geholfen, die Strukturen noch besser zu verstehen, die eine bestimmte Medienrealität hervorbringen. Die Angriffe haben aber sicher auch damit zu tun, dass es nicht allzu viele Professoren gab und gibt, die mit ihrer Kritik an die Öffentlichkeit gegangen sind. Wenn überhaupt, dann haben wir dort Rentner und Pensionäre gesehen.

## Vielfalt? Von wegen

**Kann es sich der Mainstream-Journalismus weiter leisten, nicht mit Menschen zu reden, die dem aktuell angesagten Narrativ widersprechen (z. B. Ostdeutsche, Rechte, Menschen aus der Friedensbewegung, Corona-Maßnahmen- oder Klimawandelkritiker ...)?**

Nein. Das heißt: Er kann das schon, führt sich dann aber selbst ad absurdum oder widerlegt zumindest das Narrativ, von dem er lebt und das ja auch in Gesetzestexten und in der Berufsethik festgehalten ist – im Medienstaatsvertrag zum Beispiel, in den Landespressegesetzen oder im Pressekodex des Deutschen Presserats. Dort wird Vielfalt verlangt. Alle Themen, die in der Gesellschaft gerade relevant sind, und alle Perspektiven, die es auf diese Themen gibt. Innerer Frieden ist nur dann möglich, wenn jede Gruppe sieht, dass ihre Anliegen präsent und legitim sind und tatsächlich in den Entscheidungsprozess einfließen. Dann kann man auch verkraften, hin und wieder in der Minderheit zu sein. Wenn der Journalismus diesen öffentlichen Auftrag nicht erfüllt, verrät er sich selbst und treibt die Spaltung voran.

## Erbe der DDR

**Mit der Leipziger Sektion Journalistik, an der du in den letzten Tagen der DDR studiert hast, verbindest du ein Stückchen Hoffnung fürs Hier und Jetzt. Du schreibst in deinem sehr persönlichen Buch »Das Erbe sind Wir«: »Wer heute fragt, wie man die Redaktionen aus der Umklammerung der Politik befreien kann oder von den Zwängen einer kommerziellen Medienlogik, für die Aufmerksamkeit alles ist und alles andere nichts, der findet hier eine mögliche Antwort.«[32] Damit dieses Erbe wertgeschätzt würde, müsste der Weg aus der »herrschenden Machtordnung hinausführen«[33]. Wegweiser gibt es mittlerweile genug. Wo siehst du konkrete Ansätze dafür?**

In dem Buch wird das ja sehr konkret. Es geht dort um die Journalistenausbildung und um die Frage, was wir aus dem DDR-Erbe übernehmen können. Als Student habe ich erst gesehen, was politischer Einfluss aus den Inhalten macht, und dann ahnen dürfen, dass der lange Arm der Wirtschaft genauso verheerend ist. Im Archiv habe ich gefunden, was sich Studenten und Dozenten in den Monaten der Anarchie überlegt haben, in der kurzen Zeit, als das eine weg war und das andere noch nicht da. Ein tolles Curriculum, das auch die Arbeiten der DDR-Journalistikwissenschaft nutzt. Die Medieninhalte und das Medienpublikum waren für die Forscher dort ein Tabu. Das wusste die Partei besser. Also hat man sich auf die Ausbildung konzentriert. Wie bringe ich jungen Leuten bei, eine gute Reportage zu schreiben? Kann ich vielleicht sogar einen kreativen Prozess wie die Ideenfindung so in ein Seminar gießen, dass Originalität planbar wird? Diese Dinge nutzen meine Frau und ich heute zum Beispiel bei den Kursen an der »Freien Akademie für Medien und Journalismus«, bei denen wir Quereinsteiger auf ihrem Weg in die Öffentlichkeit begleiten. Der Blick zurück auf den Umbruch 1989/90 hat mich da ermutigt und auch mein Menschenbild gefestigt. Wir sind in der Lage, Dinge zu tun, die noch niemand gedacht oder gar gemacht hat – wenn es denn die Strukturen erlauben und vielleicht sogar verlangen.

## Freiheit

**Du schreibst, letztendlich hat dich der Ausschluss aus diesem System befreit.[34] Was macht deine neue Freiheit aus?**

Freiheit ist ja vor allem, nicht gehorchen zu müssen und nichts zu tun, von dem man nicht überzeugt ist. Die Universität bietet mir das, bis heute. In meinen Vorlesungen und Seminaren erzähle ich nichts anderes als bei öffentlichen Vorträgen. Gelöst habe ich mich aus den sozialen Zwängen, die mit dem Kampf um akademische Reputation verbunden sind. In dem Uni-Buch schreibe ich ja, wie sich die Kriterien in den letzten 30 Jahren verschoben haben. Ich muss heute nicht mehr Zeit in einen Aufsatz stecken, der zwei Jahre in einem Reviewverfahren festhängt und dann von vier Leuten gelesen oder zitiert wird. Ich muss heute auch nicht mehr über den Atlantik fliegen, um morgens um acht vor 20 müden Menschen zu reden. Die Zeit kann ich nutzen, Bücher aus anderen Fachgebieten zu lesen und mit Experten zu reden, die ich früher nie hätte einbringen können in meine Arbeit. Dieser Kontakt zu anderen: Das ist es, was mich weiterbringt. Das hat vermutlich auch mit der Lebensphase zu tun. Ich bin ja sehr jung Professor geworden, mit 35 schon. Da hat man lange vor der Rente alles erlebt, was eine Unilaufbahn bieten kann. Auch deshalb bin ich dankbar, jetzt rausgehen zu können mit all dem, was ich weiß und kann. Die Kämpfe, über die wir gesprochen haben, sind damit untrennbar verbunden.

Herzlichen Dank für das Interview.
Ole Skambraks

**Ole Skambraks**, *Jahrgang 1979, studierte Politikwissenschaften und Französisch an der Queen Mary University, London sowie Medienmanagement an der ESCP Business School, Paris. Er war Moderator, Reporter und Autor bei Radio France Internationale, Onlineredakteur und Community Manager bei cafebabel.com, Sendungsmanager der Morgenshow bei MDR Sputnik, Redakteur bei WDR Funkhaus Europa/Cosmo und im Programm-Management/Sounddesign bei SWR2.*

*Nach seinem kritischen offenen Brief »Ich kann nicht mehr« zur Corona-Berichterstattung des öffentlich-rechtlichen Rundfunks wurde ihm vom SWR fristlos gekündigt. Auf der Webseite https://meinungsvielfalt.jetzt setzt er sich zusammen mit der kritischen Belegschaft des ÖRR für einen besseren gemeinnützigen Rundfunk ein.*

# Ulrike Guérot – »doppelt umstritten«, weil sie mit allen redet – von Jan David Zimmermann

## Polarisierung heißt, einem Pol zugeordnet zu werden

Ulrike Guérot ist eine Person der Öffentlichkeit, die, so würde man es im saloppen Journalistenjargon sagen, *polarisiert.* Sie ist dabei in den letzten Jahren besonders gerne mit dem Schlagwort »umstritten« gelabelt worden.[1]

Vielen, die sich in den letzten Jahren kritisch in der Öffentlichkeit geäußert haben und von vorgegebenen Meinungen abwichen, passierte das. Sie sind angeblich umstritten und polarisieren.[2] Das Wort »umstritten« fungiert selbst schon als bester Einstieg in Framing: Wer unseriös ist, ist umstritten. Beim Wort »polarisieren« ist es schon etwas anders.

Auch Guérot selbst sprach mit Blick auf Corona immer wieder von einer Polarisierung, allerdings von einer Polarisierung der Gesellschaft, nicht von Personen, die polarisieren.[3] Sie beschreibt damit also eine Entwicklung, eine Tendenz der Gesellschaft, die zu beobachten ist. Das ist eine grundlegend andere Aussage, als Menschen das Label »umstritten« umzuhängen und sie als jemanden hinzustellen, der polarisieren würde. Das ist ein wesentlicher Unterschied, der die systemische Analyse der »Analyse« ad personam vorzieht.

Spannend an Guérot ist in diesem Zusammenhang, dass sie mittlerweile in mehrerlei Hinsicht umstritten ist: Sie wird von einem Pol eines extremen Meinungsspektrums dem jeweils anderen Extrem zugeordnet. Tief rechte Kreise halten sie für eine »Globalistin«, während der pseudolinke Mainstream sie für eine Verschwörungstheoretikerin hält. Dies hat am Ende weniger mit ihren Aussagen selbst als mit der Wahrnehmung aufseiten der Rezipienten zu tun. Polarisierung findet auch dann besonders statt, wenn zwei entgegengesetzte Lager sich besonders verhärten und man sich in dieser diskursiven Verengung für eine Seite entscheiden muss; es ist also genau diese problematische gesellschaftliche Entwicklungstendenz, die Guérot seit mehreren Jahren beobachtet und kritisch reflektiert.

## Lanzen gegen Guérot

Die angeblich umstrittenen Aussagen Guérots sind dabei, wenn man sie genauer und für sich betrachtet, weder besonders kontrovers noch polemisch, weder beleidigend noch übergriffig, insbesondere nicht, wenn es um das Thema Ukraine geht. Die differenzierte Betrachtung Guérots bzgl. des Krieges in der Ukraine wird in der Öffentlichkeit immer nur dergestalt zusammengefasst: Guérot meint, dies sei ein Stellvertreterkrieg zwischen den USA und Russland. Wer sich aber ihre Ausführungen, gerade etwa bei Markus Lanz in der Talkshow vom 2. Juni 2022, in Erinnerung ruft, der wird bemerken, dass sie von *vier* verschiedenen Kriegen spricht.[4] Hier so zu tun, als würde Guérot den USA in simplifizierender Weise eine Alleinschuld am Krieg geben, ist daher völlig absurd.[5]

Leider werden seit dem Angriff Russlands auf die Ukraine ganz ähnliche Argumentationsstrukturen wie bei Corona ins Feld geführt, was man gut am Umgang mit Ulrike Guérot sehen kann. Die Rheinische Friedrich-Wilhelms-Universität Bonn, wo Guérot als Professorin tätig war, hat der Politikwissenschaftlerin gekündigt – nach Universitätsangaben aufgrund von Plagiaten. Wer den Fall Guérot genauer kennt, darf die Ansicht vertreten, dass das politisch nichtopportune Agieren Guérots eine Rolle spielte.[6]

Guérot jedenfalls fordert mit Blick auf den Krieg eine breite historische Analyse, eine Kontextualisierung der verschiedenen Interessenslagen hinter diesem Konflikt, Waffenstillstand und sofortige diplomatische Verhandlungen, ohne für eine Seite klar Partei zu ergreifen. Wie gesagt: An einer differenzierten Haltung sollte eigentlich nichts anstößig oder fragwürdig sein. Dennoch wurde sie dafür in der Talkrunde des ZDF von Markus Lanz und den anderen Beteiligten der Diskussion, unter anderem der FDP-Politikerin Marie Agnes Strack-Zimmermann, verbal massiv angegangen. Offenbar darf es, wie schon bei Corona, nur eine Meinung geben: für die Ukraine sein, für Waffenlieferungen an die Ukraine sein, für die Ukraine als EU- und NATO-Land sein. Jeder, der sich dieses »Gespräch« bei Lanz ansieht, wird erkennen, wie Ulrike Guérot gegenüber einer moralinsauren Meute versuchte, die Debatte zu versachlichen, während die Gegenseite Waffenlieferungen Deutschlands mithilfe irritierender Betroffenheitsrhetorik und anekdotischer Horrorgeschichten des Krieges legitimierte, dabei Guérot immer wieder unterbrach, nicht zu Wort kommen ließ und an ihr ein regelrechtes Exempel statuierte, wie in einem Text in diesem Sammelband auch entsprechend analysiert wird. Guérot blieb jedenfalls überraschend ruhig und souverän und machte nachvollziehbar und nüchtern ihre jeweiligen Punkte. Dass man eine andere Position als die Wissenschaftlerin einnehmen kann, versteht sich von selbst. Es erschreckt jedoch die Art und Weise, wie hier der sachlich-analytische Blick mit moralisierend erhobenem Zeigefinger abgelehnt wird. Mit einem banalen »Es sterben Menschen!« versuchte Strack-Zimmermann etwa jegliche sachliche Argumentation im Keim zu ersticken und der Gegenseite Zynismus vorzuwerfen. Auf Twitter bezeichnete Strack-Zimmermann Guérot bereits im Mai als »widerwärtig«;

Worte, die man umgekehrt von Guérot niemals gegenüber ihren Kritikern vernehmen konnte.

## Ein Angriff von Markus Linden

Doch es blieb nicht bei diesem Versuch der selbstgerechten Empörung über Guérot, die als Europa-Expertin nur darauf hinweisen wollte, dass kriegerische Konflikte nicht einfach so vom Himmel fallen, sondern eine meist komplexe Vorgeschichte haben. Nur einen Tag (!) nach der Talkrunde bei Lanz wurden ihr dann vonseiten des Politikwissenschaftlers Markus Linden in der *Frankfurter Allgemeinen Zeitung* angebliche Plagiate in ihren Büchern vorgeworfen; weil zum Beispiel an zwei Stellen in ihrem Buch »Wer schweigt, stimmt zu« (einem Essay) die Anführungszeichen fehlten.[7] Ein Sachverhalt, der wohl einen Flüchtigkeitsfehler darstellt, jedoch begrifflich von einem Plagiat weit entfernt ist, weil Guérot sehr wohl die Urheber der Textstellen nannte. Nach der moralischen Hinrichtung folgte nun offenbar der Versuch, sie als Wissenschaftlerin selbst zu diskreditieren. Dass bei populärwissenschaftlichen Büchern (und um solche handelt es sich) andere Maßstäbe gelten als bei einer Habilitation oder Dissertation, sollte im Übrigen klar sein. Bereits am 7. Juni folgte jedoch ein weiterer Artikel von Linden, der sich mit Guérots Buch »Warum Europa eine Republik werden muss! Eine politische Utopie« (2016) beschäftigte.[8] In dem Artikel versuchte der Autor mit verbissener Akribie auch hier belastendes Material zu finden, durchforstete sogar die Fußnoten des Buches. Was Linden – selbst Politikwissenschaftler an der Universität Trier – antreibt, bleibt unklar, er scheint sich jedoch schon länger mit Guérots Werken zu beschäftigen und diese hinsichtlich zitiertechnischer Mängel zu untersuchen, sonst hätte er vermutlich nicht so zeitnah zu ihrem Auftritt bei Lanz derartige Artikel zur Hand gehabt.

Bei den Angriffen auf Guérot aus den unterschiedlichen Richtungen hat es den Anschein, dass es hier auch um etwas anderes geht: Nicht nur soll Guérot persönlich vernichtet werden, sondern ebenso ihre Ideen und Bemühungen um eine Europäische Republik, ihre Sorge um die Demokratie sollen als fragwürdig hingestellt, also fachlich demontiert werden.

## Guérot als Stimme der Mitte: Sie redet mit dem Mainstream, aber auch den alternativen Medien

Auch die angeblich autoritären Aussagen von Ulrike Guérot, die als Beispiele immer wieder ins Feld geführt werden,[9] sind bei genauerer Betrachtung nur eine Forderung nach juristischer Aufarbeitung von Corona und dem Übernehmen von Verantwortung, nicht der Wunsch nach undemokratischen Bestrafungen.

Ihre Aussagen kann man inhaltlich kritisieren und ihrer Arbeitsweise bisweilen Ungenauigkeit oder die Produktion von Formfehlern attestieren; doch das, was an ihr anstößig zu sein scheint, ist vor allem, dass sie eine Position der Mitte einnimmt, die man im englischsprachigen Raum wohl als »Centrism«[10] bezeichnen würde. Sie redet mit dem Mainstream UND den alternativen Medien und wendet sich gegen die Polarisierung.

So kommt es aber bei der Politikwissenschaftlerin zu einer doppelten Umstrittenheit in verschiedenen, ja verfeindeten Lagern: Während sie für die einen eine Häretikerin ist, die vom wahren Glauben des tendenziell (und in seinem Selbstverständnis) bürgerlich-links-liberalen, woken Medien- und Öffentlichkeitsmainstreams abgefallen ist und nun angeblich Verschwörungstheorien verbreitet, gilt sie mittlerweile für andere, unter anderem rechtsextreme Kreise aus dem Segment des »Corona-Widerstandes« wie etwa Monika Donner oder Martin Rutter, als Doppelagentin einer kontrollierten Opposition, die nur die globalistische Agenda des WEF, der EU und anderer Institutionen vorantreiben wolle.[11]

Während nun Ersteres mit ihren kritischen Positionen zu den Corona-Maßnahmen in Deutschland und Österreich zusammenhängt und bei den Positionen Guérots zum Ukraine-Krieg endgültig ihren Ausschluss aus der Reihe der »Richtigen« besiegelte, so hat Zweiteres mir ihrer Vergangenheit in tatsächlich international agierenden Thinktanks zu tun,[12] deren hehre Absichten durchaus mehr als zweifelhaft erscheinen, insbesondere vor dem Hintergrund der Ereignisse der letzten Jahre. Doch wer genauer hinsieht, wird erkennen, dass Guérot etwa die technokratische Struktur der EU mittlerweile massiv kritisiert, wie sie in einem jüngst als Denkschrift herausgegeben Europa-Manifest skizziert; ihr geht es um ein Europa jenseits der EU.[13]

## Die gefallene Heldin

Noch lieber als Helden, die man verehren und bewundern kann, hat man in der Öffentlichkeit offenbar jene, die fallen, scheitern oder zu Fall gebracht werden. Gefallene Helden sind wie gefallene Engel; sie werden zum Gegenteil stilisiert und stürzen wie Lucifer in Dorés berühmtem Kupferstich, der eine Szene aus Miltons »Paradise Lost« darstellt, vom Himmel ab.

Auch bei Guérot ist es nicht anders. Der Mainstream, der sie einst feierte, hat sie verstoßen.

Die Kritik an Guérot geht dabei insbesondere von jenen linksbürgerlichen Kreisen aus, die ihr früher nahestanden, ja mehr noch, die die »glühende Europäerin« zu vielen Diskussionsveranstaltungen einluden, sie umgarnten und ihre Ideen zur Europäischen Republik besonders in den Jahren 2016 bis 2019 hochhielten. In diesem Milieu der, wie sie Sahra Wagenknecht beschreibt, *Lifestylelinken* entbarg sich mit der Corona-Krise jedoch vielfach ungeschönt der Autoritarismus des eigenen Selbstverständnisses als Zuarbeiter der Herrschenden, ganz so, wie es der Historiker Thomas Piketty beschreibt: die »linken« Brahmanen, die dem »rechten Kaufmann« zur Hilfe eilen[14]; dies vor allem mittels kulturellen und symbolischen Kapitals (im Sinne des Soziologen Pierre Bourdieu)[15] zur Stützung der Herrschaftsinteressen. Dieses kulturelle Kapital als akkumulierte Bildung in geisteswissenschaftlich-humanistischer Form scheint dabei aber mehr und mehr einem politisch-korrekten Moralismus gewichen zu sein, der sich nicht inhaltlich, sondern vor allem formal konstituiert und Abgrenzungsrituale von »Rechts« installiert, die Sprache normiert (Gendern in seiner übertriebenen Form) und sich überhaupt in »linker« Identitätspolitik zu übertreffen scheint, die als Distinktionsmerkmal vom »Pöbel« funktioniert. Wer ausschert, wird auch zu den Untrigen, den »Nazis« getreten.

## Niveautiefpunkt des Mainstreams: Schmähpreis »Das goldene Brett vorm Kopf«

Am 05.10.2023 fand in Wien zum 11. Mal die Verleihung des Schmäh-Preises »Das goldene Brett vorm Kopf« statt.[16] Die Wiener Skeptiker, selbsternannte Vertreter der Wissenschaft und (mittlerweile bzw. immer noch) massive Corona-Hardliner, zeigen dabei auf andere mit dem Finger und attestieren ihnen Wissenschaftsfeindlichkeit. Bei genauerem Hinsehen sind sie selbst aber die Wissenschaftsfeinde und lehnen einen ausgewogenen wissenschaftlichen Diskurs ab.[17]

Nominiert war neben Daniele Ganser, Ferdinand Wegscheider (österreichischer Journalist) und Stefan Homburg eben auch Ulrike Guérot. Und sie »gewann« diesen zweifelhaften Preis.

Erschütternd war dabei die angeblich satirische Laudatio, die von einer Wissenschaftlerin der Österreichischen Akademie der

Wissenschaften – der größten außeruniversitären Forschungseinrichtung in Österreich – vorgetragen wurde. Die Medizinhistorikerin Daniela Angetter-Pfeiffer, die den Namen von Guérot nicht einmal richtig aussprechen konnte, reihte in ihrer Rede »umstrittene« Aussagen der Politikwissenschaftlerin aneinander und gab einem damit zu verstehen, dass diese Aussagen bzw. Argumente allesamt lächerlich seien. Warum, erklärte sie nicht weiter. Die ÖAW-Wissenschaftlerin, die an einem biografischen Lexikon arbeitet und deren Schwerpunkte weder Europa noch die Ukraine sind, fand keine Form der Widerlegung von oder tatsächlich inhaltliche Auseinandersetzung mit Argumenten Guérots. Stattdessen produzierte sie persönliche Untergriffe am laufenden Band, machte sich etwa über die Kündigung von Guérot lustig und agierte regelrecht verleumderisch, indem sie Ulrike Guérot unterstellte, sie würde trotz des Angriffskrieges noch »an Putin hängen« (ca. Min 45:10).[18]

Eine differenzierte politikwissenschaftliche Betrachtung von kriegerischen und geopolitischen Konflikten schien Angetter-Pfeiffer fremd zu sein. Ebenso wie die wissenschaftstheoretische Notwendigkeit, eigene Aussagen logisch begründen zu müssen.

Gespenstische Assoziationen zu denjenigen Kräften, die die Globalisten »jagen wollen«[19], weckte schließlich die Aussage von Angetter-Pfeiffer, wonach Guérot nicht einmal nach Morddrohungen aufhörte, »unsinnige und irrige Behauptungen zu verbreiten« (ca. ab Minute 46:47). Ganz so, als wären diese Morddrohungen legitim gewesen, um sie endlich zum Schweigen zu bringen.

Absurd und tatsächlich faktenbefreit wurde die Rede der Historikerin an einem Punkt, an welchem sie Guérot lächerlich machen wollte, indem sie eine Aussage der Politikwissenschaftlerin aus dem Jahr 2021 zitierte, die inhaltlich aber absolut korrekt ist. Nämlich, dass eine Durchimpfung der Bevölkerung mit den Covid-19-Impfstoffen nicht zu einer Herdenimmunität führen würde (ca. Min 46).

Wer 2021 die Impfstoffentwicklung verfolgt hatte, der wusste eben bereits im Frühling/Sommer 2021, dass mit der Covid-Impfung keine sterile Immunität, ergo keine Herdenimmunität möglich sein würde. Dieser Aspekt wurde bekanntlich von Dutzenden internationalen Virologen und sogar offiziellen Stellen kolportiert[20], hinderte die ÖAW jedoch nicht daran, sich noch im Dezember 2021 für eine Impfpflicht auszusprechen.[21]

Der niveaulose Höhepunkt der Rede von Angetter-Pfeiffer war schließlich der Hinweis auf eine intime Erkrankung Guérots, die diese als psychosomatische Reaktion auf Stress und Belastungen in der öffentlichen Debatte bei Markus Lanz zurückführte, wie sie in einem Interview erwähnte.

Dass ausgerechnet eine weibliche Kollegin diese primitive Diffamierung ins Feld führte, die bereits in boulevardhafter Art und Weise von Dutzenden sogenannten Qualitätsmedien aufgegriffen wurde, stellte eine Diffamierung auf unterster Ebene dar.

Wer die »Umstrittenheit« von Ulrike Guérot zusammenfassen möchte, der bemerkt rasch einen weiteren Aspekt, der hier noch nicht zur Sprache kam: dass auch Frauenfeindlichkeit im Spiel ist, die dazu führt, dass sich sogar Kolleginnen zu sexistischen Untergriffen hinreißen lassen, die ansonsten Feministinnen und Gleichstellungsbeauftragte auf die Barrikaden bringen würden.

Dass Guérot ansonsten in den Mainstreamdiskussionen vor allem von Männern ins Visier genommen wurde, wäre, mit Blick auf deren Beweggründe, wohl eine gesonderte Betrachtung wert. Abschließend kann man sagen: Nicht nur in rechtsextremistischen Foren, sondern auch im ansonsten so aufgeklärten bürgerlichen Mainstream zeigt sich deutlich, dass man auch im Jahr 2023 gerne noch Jagd auf rothaarige Frauen macht, die man der Hexerei bezichtigt und die sich mit dem Satan verbündet haben. Auch wenn es sich um Positionen der Mitte handelt.

**Jan David Zimmermann** *(* 1988 in Wien) ist Schriftsteller, Journalist und Wissenschaftsforscher.*

*Seine journalistischen Beiträge erscheinen u. a. in der Berliner Zeitung und in Form regelmäßiger Kommentare beim Radiosender »Kontrafunk – die Stimme der Vernunft«. Er ist gegenwärtig leitender Redakteur des im September 2022 gegründeten »Stichpunkt-Magazins«.*

# Dr. Friedrich Pürner – »höchst umstritten«, weil er sagte, was er denkt – von Anke Behrend

## Von Anke Behrend

Als am Vormittag jenes 3. Novembers 2020 das Telefon klingelte, ahnte Dr. Friedrich Pürner, Amtsarzt und seit etwas mehr als zwei Jahren Leiter des Gesundheitsamtes Aichach-Friedberg im bayerischen Regierungsbezirk Schwaben, nicht, dass infolge dieses knappen Telefonates seine Karriere beendet, die Reputation zertrümmert und viele seiner Überzeugungen fundamental infrage stehen würden. Er ahnte nicht, dass man ihm nur zwei Möglichkeiten lassen würde: von seinen fachlichen Einschätzungen abrücken und schweigen oder dauerhaft kaltgestellt werden, denn vorerst hieß es nur: Versetzung. Er werde am Landesamt für Gesundheit und Lebensmittelsicherheit (LGL) gebraucht. Pürner war völlig klar, dass seit Beginn der Krise vieles – zu vieles – falsch lief. Systemfehler, die man in der Flüchtlingskrise 2015 mit großen Anstrengungen bewältigt und danach wieder ignoriert hatte, drückten nun mit brachialer Macht an die Oberfläche: Personalmangel, fehlende Ausrüstungen und Ausstattung, Inkompetenz in den oberen Etagen. Dass selbst hochrangige und bestens qualifizierte Beamte sich dem System aus Hierarchie, Mangelwirtschaft und Privilegien würden unterordnen müssen, war Pürner längst bewusst, aber Schweigen keine Option.

## Eine beachtliche Karriere

Zu diesem Zeitpunkt hatte Friedrich Pürner bereits 34 Jahre im Staatsdienst hinter sich: Bundeswehr, Bundesbehörde, Landesbehörden, JVA, kommunale Verwaltung. Er konnte auf eine beeindruckende Karriere zurückblicken, die noch einiges an Optionen hätte zu bieten haben können. Nach einer Ausbildung zum Automechaniker absolvierte er während seiner Bundeswehrzeit eine Ausbildung zum Bürokaufmann. Es folgten Auslandseinsätze und das Abitur im Abendstudium. Er begann ein Jura-Studium, wechselte zur Medizin und promovierte 2010. Nach verschiedenen Stationen im kurativen Bereich war er als Facharzt für öffentliches Gesundheitswesen und Master of Public Health beim bayerischen Gesundheitsministerium tätig, wechselte als leitender Infektionsarzt ins Bayerische Landesamt für Gesundheit und Lebensmittelsicherheit (LGL). Vor seiner Berufung zum Leiter des Gesundheitsamtes Aichach-Friedberg stand Pürner der Abteilung Epidemiologie vor und war Chef der Taskforce Infektiologie am LGL.

Überdies ist Friedrich Pürner Ernährungs- und Suchtmediziner, unterrichtete Krankheitslehre, Hygiene sowie den Vollzug des Infektionsschutzgesetzes und war Dozent an der Bayerischen Landesärztekammer. Er war mehrmals zur Eindämmung von Ebola-Ausbrüchen in Afrika tätig. Ausgestattet mit diesen Kompetenzen sah er es mit Beginn der Pandemie als seine Pflicht an, die Maßnahmen der Regierung nicht nur umzusetzen, sondern auch fachlich zu hinterfragen. Welche wissenschaftliche Evidenz gab es für die Tragepflicht von Community- oder OP-Masken? Welchen Sinn hatten die weitreichenden Isolierungs- und Quarantäneanordnungen, wenn PCR-positiv Getestete keine Krankheitssymptome zeigten? Welche Aussagekraft hatte die Inzidenzzahl? Wie sinnvoll war der Umgang mit Kindern und Alten? Warum waren die Gesundheitsämter so schlecht auf eine pandemische Lage vorbereitet? Warum wurde in der Krisenkommunikation auf Angst gesetzt statt auf Besonnenheit und Prävention?

## Kritische Fragen waren unerwünscht

All diese berechtigten Fragen waren unerwünscht, trafen sie doch genau die wunden Punkte des Systems. Ungeachtet dessen tat Dr. Friedrich Pürner seine Pflicht als Beamter und setzte gemeinsam mit seinem Team die Maßnahmen vorbildlich und mit außergewöhnlichem Einsatz um, wie Landrat Klaus Metzger (CSU) am 4. November 2020 der *SZ* zu Protokoll gab.[1] Denn wie eine Strafmaßnahme sollte Pürners Versetzung, im Amtsdeutsch »Abordnung«, von seinem Posten offensichtlich nicht aussehen, mit der er mitten in der Hochphase der Pandemie an jenem 3. November zurück zum LGL beordert wurde mit der Aufgabe, sich um die Digitalisierung des Gesundheitssystems zu kümmern. Man wollte den unbequemen Amtsarzt zunächst wohl nur aus dem Weg haben. Kritik an Dr. Friedrich Pürner hatte man bereits seit Monaten kolportiert und seine Expertise infrage zu stellen versucht. Als Mitte Juni 2020 fast 100 Mitarbeiter eines Spargelhofes in Inchenhofen positiv auf das SARS-CoV-2 Virus getestet worden waren und die Inzidenz des Landkreises vorübergehend in die Höhe schnellte, vermutete Pürner den lokalen Medien gegenüber, dass es sich bei den Betroffenen nicht um Erkrankte handele, da keiner von ihnen Symptome aufwies. Die positiven Testergebnisse könnten auf Virenreste einer vergangenen Infektion hindeuten, die nicht mehr aktiv seien, aber im Test positiv anschlügen. Fast ein Jahr später konnte man die Bestätigung dessen im Focus lesen:

»Überraschende Entdeckung: Obwohl das Coronavirus ein RNA-Virus ist, können Teile seines Erbguts in unsere DNA eingefügt werden. Forscher vermuten hierin den Grund, dass PCR-Tests auch Monate später noch positiv sein könnten.«[2]

Erwartungsgemäß wurden Pürners Einwände ebenso wie die von anderen Experten nicht gehört. Die Bevölkerung brauche Führung. Zweifel schaden und kosten Menschenleben, so die Linie der Politik. Dennoch kam Dr. Friedrich Pürner noch bis Ende Oktober 2020 in regionalen und überregionalen Medien zu Wort. Gute Kontakte und sein vor der Pandemie geschätztes Fachwissen machten es möglich.

## Pürner lässt sich den Mund nicht verbieten – zum Missfallen der Bayerischen Staatsregierung

Die Geduld der Bayerischen Staatsregierung mit dem widerspenstigen Experten, der sich weder menschlich noch dienstlich etwas vorzuwerfen hatte, sondern seine Einwände stets auf der Sachebene vorbrachte, endete mit einem Interview vom 24. Oktober in der *Aichacher Zeitung*. Die Regierung von Schwaben bestellte Pürner zum Rapport ein. Es habe ein »Gespräch auf fachlicher Ebene gegeben«, über das Stillschweigen vereinbart worden sei, teilte der Pressesprecher mit. Doch Pürner ließ sich den Mund nicht verbieten. Er distanzierte sich ausdrücklich von den sogenannten »Coronaleugnern«, machte seine Standpunkte aber beharrlich auch auf Twitter deutlich.

»Eine Gesellschaft muss den Diskurs aushalten – auch Markus Söder« (Pürner, *Aichacher Zeitung*, 24. Oktober 2020).

Teile der Gesellschaft, speziell Markus Söder, hielten den Diskurs nicht aus. Am 3. November 2020 informierte die Regierung von Schwaben Dr. Friedrich Pürner über seine Abordnung an das Landesamt für Gesundheit und Lebensmittelsicherheit. Das Gesundheitsamt Aichach-Friedberg wurde bis Juli 2023 in wechselnder Besetzung nur kommissarisch geleitet.

Zuvor noch geschätzter Experte, wurde Dr. Pürner nun auch durch Medien wie t-online in die Ecke der »Umstrittenen« gestellt. Unter der Überschrift »So groß ist die Gefahr durch Corona-Leugner in Behörden« fokussierte das Portal in einem Artikel auch auf den Amtsarzt. So schnell kann es gehen: Pürner kritisierte einzelne Maßnahmen und fand sich in einem Artikel unter der Überschrift »Corona-Leugner« wieder.[3]

Im März 2021 klagte Dr. Friedrich Pürner gegen seine Abordnung aus dem Amt, die er selbst für eine Strafversetzung aus fadenscheinigen Gründen hält: Bestrafe einen, erziehe Hunderte. Es wurde seiner Klage stattgegeben. Kurz vor dem Prozess zog die Regierung von Schwaben die Abordnung überraschend zurück, jedoch nur, um Pürner erneut zu versetzen. Diesmal nach München in die Regierung von Oberbayern, um die Approbationen ausländischer Ärzte zu prüfen.

»… anscheinend soll ich nun wie ein Wanderpokal weitergereicht werden«, kommentierte Pürner die erneute Versetzung.[4]

## Angriffe auf Pürner

Ein Jahr nach dem Verlust seiner Stelle als Gesundheitsamtsleiter hatte Dr. Friedrich Pürner auf Twitter schon 35 000 Follower und das Buch »Diagnose Pan(ik)demie« veröffentlicht. Bitter-ironisch bezeichnete er sich nun selbst als Oberschwurbler. Allerdings hat er den Weg der evidenzbasierten Fachlichkeit nie verlassen. Er ist weder Coronaleugner noch Impfgegner. Als Präventivmediziner empfiehlt er Impfungen, die er für sinnvoll erachtet, und plädiert für ausführliche Patientenberatung und Aufklärung auch die Covid-19-Impfungen betreffend.

Als Kritiker der Maßnahmen und von der Politik quasi zum Abschuss freigegeben musste Dr. Pürner seit 2020 erleben, wie seine Karriere beendet wurde, sein soziales Umfeld, Freunde, Kollegen, Verwandte sich abwendeten. Sein Ruf in seinem beschaulichen Wohnort ist beschädigt. Er wurde bedroht, sein Auto, sein

Haus attackiert und er landete auf einer »Feindesliste«. Applaus von der falschen Seite und Instrumentalisierungen beschädigten seine Reputation zumindest in den Augen derer, die sich von solcherlei Diffamierungen beeindrucken lassen. Die Süddeutsche Zeitung bezeichnete ihn gar als »höchst umstritten«.[5]

Allerdings war auch die Solidarität aus dem Lager der Kritiker immens. Unzählige Briefe, Demonstrationen, offene Briefe und neugewonnene Freunde machten Pürner immer wieder Mut, nicht aufzugeben.

## Gerichtsverhandlung und: Wo bleibt die Entschuldigung?

Eine weitere Gerichtsverhandlung folgte zwei Jahre nach der ersten Versetzung am 20. Oktober 2022. Pürner arbeitete nun als Prüfungsvorsitzender für angehende Mediziner bei der Regierung von Oberbayern – ein Job, der nicht seiner Qualifikation entsprach. Doch einen Weg zurück in den öffentlichen Gesundheitsdienst und auf eine ihm angemessene Stelle schien aussichtslos. Zu schwer wiegen die Kontaktschuldvorwürfe, Pürner habe sich mit den falschen Medien, mit Querdenkern und Rechtsextremen gemein gemacht. Doch auch aus dem Lager der selbsternannten Selbstdenker musste er sich Anwürfe gefallen lassen, da er Impfungen nicht grundsätzlich ablehnt.

Das juristische Tauziehen endete im Dezember 2022 mit einem Vergleich und der Vereinbarung, Stillschweigen zu bewahren.[6] Der Freistaat Bayern beteuerte vor dem Amtsgericht, die Abordnung ans LGL sei keineswegs eine Sanktion gewesen.

Inzwischen sind drei Jahre vergangen. Bis zur Drucklegung steht der Amtsarzt, Epidemiologe und Master of Public Health beruflich auf dem Abstellgleis. Nahezu alle seine Kritikpunkte wurden inzwischen wissenschaftlich abgesichert. Dennoch wartet

Pürner auf eine Entschuldigung der Verantwortlichen – auf seine Rehabilitation, und sei es nur durch eine seinen Fähigkeiten angemessene Arbeitsstelle. Er selbst hat den Verantwortlichen und denen, die ihn bedroht und beschimpft haben, längst verziehen. Doch wann werden sie ihm verzeihen, dass er den Mut hatte, sich ihnen entgegenzustellen?

Addendum: Am 22. November 2023 siegte Pürner vorm Bayerischen Landgericht in einem weiteren Verfahren, welches nicht die eigentliche Versetzung zum Gegenstand hatte, sondern die ihr vorausgehende, ungewöhnlich schlechte Beurteilung seiner Leistungen im Zeitraum 2017 bis 2020. Auf Basis dieser somit rechtswidrigen Beurteilung scheiterten zwei Bewerbungen Pürners auf leitende Positionen. Nach dem Urteil vom 22. November müssen die Auswahlverfahren für diese beiden Stellen – Leiter des Gesundheitsamtes am Landratsamt München sowie Leiter des Sachgebietes Gesundheit bei der Regierung von Niederbayern – neu durchgeführt werden. Die Kosten des Verfahrens trägt der Freistaat Bayern.[7]

**Anke Behrend** *wurde in Berlin vor dem Mauerfall geboren, lebt inzwischen seit über 15 Jahren im Süden Deutschlands und arbeitet in der Medienbranche. Sie war mehrere Jahre als Kolumnistin für das Satiremagazin »Eulenspiegel« tätig und arbeitet aktuell als Autorin für alternative Medien.*

# Albrecht Müller – »umstritten«, weil er hinterfragt und selbst denkt – von Marcus Klöckner

Albrecht Müller ist der Herausgeber des Internetblogs »NachDenkSeiten« und mittlerweile 85 Jahre alt. Über ihn, sein Leben, seine Ansichten ließe sich ein ganzes Buch schreiben. Müller war Wahlkampfleiter für Willy Brandt, verantwortete für Brandt und Helmut Schmidt die Planungsabteilung im Bundeskanzleramt bis 1982 und war selbst für zwei Legislaturperioden im Bundestag. Die neoliberale Agenda-Politik von Bundeskanzler Gerhard Schröder und die zunehmenden Schieflagen in der Berichterstattung der Medien führten 2003 zur Gründung der NachDenkSeiten, die sich seit dieser Zeit als »alternatives Medium« mit gesellschaftlichen und politischen Themen kritisch auseinandersetzen. Die NachDenkSeiten, für die auch der Herausgeber dieses Buches Beiträge verfasst, hinterfragen immer wieder Lesarten, wie sie im sogenannten Medienmainstream vorkommen, und bieten eigene Perspektiven und Analysen an.

Das führt immer wieder dazu, dass sowohl die NachDenkSeiten als auch Müller öffentlich angegriffen werden. Unter anderem hieß es in einem Beitrag, die NachDenkSeiten seien ein »Verschwörungs-Blog«.[1] In diesem Interview spricht er über seine Erfahrungen als Herausgeber eines Alternativmediums und die Angriffe gegen ihn und die Plattform. Müller wirft zudem einen Blick zurück in eine Zeit, die vermutlich gerade den jüngeren Lesern eher wenig bekannt sein dürfte, und beschreibt, wie er zu dem wurde, was er heute ist: ein kritischer Publizist, der seiner

Leserschaft sagt: »Glaube wenig, hinterfrage alles, denke selbst.«[2] Deutlich wird in dem Interview auch, warum für Müller der Einsatz für Frieden von großer Bedeutung ist und wie er auf den Krieg in der Ukraine blickt. »Verhandeln statt aufrüsten, sich vertragen statt sich bekämpfen, das geht gegen den Strich des von Interessen geprägten Denkens«, so Albrecht Müller.

**Herr Müller, den Begriff »umstritten« gebrauchen Journalisten und Publizisten immer wieder, wenn Personen mit einer vom Mainstream abweichenden Meinung negativ dargestellt werden sollen. Auch Sie und Ihr Medium, die NachDenkSeiten, stehen oft in der Kritik, weil sie sich herausnehmen, eigene Analysen anzubieten, die von jenen der großen Medien abweichen. Wie sehen Sie das?**

Bezüglich des Etiketts »umstritten« kann man eigentlich nur mit Kopfschütteln reagieren. Es kommt von jenen, die sich an das geläufige Denken angepasst haben, angepasst an einen Wust von Denkfehlern, Vorurteilen und falschen Beobachtungen. »Umstritten« – das ist ein diffamierendes Etikett.

**Gehen wir einen Schritt zurück.**

**Woher kommt Ihr kritisches Denken?**

Meine kritische Einstellung zum politischen und gesellschaftlichen Geschehen geht nicht auf Fehlleistungen von Medien zurück oder zumindest nur zum geringeren Teil und keinesfalls ursprünglich.

**Sondern?**

Ich habe Mitte der Sechzigerjahre, damals wissenschaftlicher Assistent am Institut für Internationale Wirtschaftsbeziehungen der Universität München, beobachtet, wie gerade die wirtschaftspolitische Debatte und dort wiederum die Sprache in der wirtschaftspolitischen Debatte von Vorurteilen beladen waren – und bis heute sind.

1966 habe ich dazu einen kleinen Vortrag gehalten im Rahmen eines Kreises des Evangelischen Studienwerkes Villigst. Das

Thema lautete: »Über den präjudikativen Charakter der Sprache in der wirtschaftspolitischen Debatte«. Ich zeigte den Kommilitonen, die mehrheitlich aus anderen Fachrichtungen kamen, wie unsere geläufige wirtschaftspolitische Diskussion von Vorurteilen geprägt ist. »Wachstum« zum Beispiel ist – der Sprache folgend – aufgeladen mit einer positiven Emotion. »Leistungsbilanzüberschüsse« – so etwas kann man eigentlich nur positiv beurteilen, so suggeriert jedenfalls die Sprache – Überschüsse, Leistung, das kann nur positiv sein. Diese über die Sprache vermittelten Vorurteile prägen dann auch die Wirtschaftspolitik und Politik allgemein. Weil Wachstum als gut erscheint, übersah man und übersieht man leicht die ökologischen Folgen und auch die psychischen Folgen bei den vom Stress geplagten Lohnabhängigen. Weil Leistungsbilanzüberschüsse so vorteilhaft klingt, übersieht man die damit verbundenen realen Verluste einer Volkswirtschaft. Wenn nämlich mehr nach draußen exportiert als importiert wird, dann macht man real betrachtet ein schlechtes Geschäft.

**Das war also 1966.**

Ja, und lange vorher musste ich in der Quarta und Untersekunda, also in der Sieben und Acht, die Kriegsbegeisterung meines Mathematiklehrers ertragen. Er war vorher in der Nazizeit von 1940 bis 1945 Schulleiter desselben Gymnasiums in Heidelberg gewesen, dann nach 1945 degradiert und ohne Kontrolle und Widerspruch der Obrigkeit auf uns losgelassen worden. Lange Strecken des Unterrichts, der eigentlich der Mathematik gelten sollte, mussten wir uns seine Kriegsgeschichten anhören. Das war in der Zeit der Wiederbewaffnung und deshalb nicht ohne politische Bedeutung und auch nicht ohne Bedeutung für die Meinungsbildung von uns Schülern.

**Hat dieser Lehrer in Ihnen etwas ausgelöst?**

Er löste Widerspruch aus. Auch deshalb, weil ich in einem Kreis von Jugendlichen in meinem Heimatdorf unter dem Einfluss des damaligen, als CDU-Innenminister zurückgetretenen Gustav Heinemann und seiner Mitstreiter Erhard Eppler und Diether Posser zum Skeptiker gegenüber Militär und Rüstung geworden war.

**Das heißt?**

Wir wollten Frieden und Verständigung statt militärischer Abschreckung und Aufrüstung. Hinzu kamen die als kleines Kind erlebten Bombenangriffe auf die uns umgebenden Städte Mannheim, Heilbronn, Bruchsal, Würzburg. Ich habe den Feuerschein der brennenden Städte am Himmel noch gut in Erinnerung. Das wirkt bis heute. Und wenn ich heute als umstritten gelte, dann auch deshalb, weil die Ideen von Gustav Heinemann damals umstritten waren und bis heute zumindest von einigen als umstritten betrachtet werden. Verhandeln statt aufrüsten, sich vertragen statt sich bekämpfen, das geht gegen den Strich des gängigen Denkens und vor allem gegen den Strich des von Interessen geprägten Denkens.

**Aber doch wohl kaum gegen die Mehrheit der Menschen? Die Mehrheit, ob nun in der Ukraine, in Russland, in Deutschland oder sonst wo, dürfte sehr wohl für Frieden sein.**

Die Mehrheit der Menschen ist vermutlich auf friedliches Zusammenleben angelegt.

Damals, in dieser frühen Debatte um die Wiederaufrüstung der Bundesrepublik Deutschland, ist mir allerdings etwas begegnet, auf das wir heute wieder stoßen: auf einen penetranten Russen-Hass.

**Wie hat sich der Hass damals sichtbar gemacht?**

Damals fand dieser Hass seinen Ausdruck in widerlichen Plakaten der CDU, der CSU und dann später der NPD. Hier ist ein Exemplar von damals, vom Wahlkampf 1953:

Die Darstellung der Russen als finster und bedrohlich – das gab es damals und das gibt es heute wieder. Ich habe mich damals gegen diese Propaganda gewandt und ich tue es heute. Deshalb wende ich mich gegen die manipulierende Darstellung des Krieges in der Ukraine und seiner Ursachen.

**Da sind wir bei einem der Gründe, warum manche Journalisten und Akteure die NachDenkSeiten kritisieren. In den großen Medien und in weiten Teilen der Politik ist der »Böse« eindeutig Russland. Wer nicht in diesen Chor einschwingt, dem begegnen so manche Journalisten und weitere Akteure mit Aggression.**

Die alleinige und aggressive Schuldzuweisung an Russland ist nur möglich, weil die Geschichte verkürzt erzählt wird und weil man auf vorhandene Denkmuster zurückgreifen kann. Die Propaganda wird geglaubt, weil Russenhass in Deutschland verbreitet ist – vom Anfang des Jahrhunderts über die Propaganda der CDU und CSU in den Fünfzigerjahren und Adenauers süffisante Kennzeichnung der »Soffjjets« bis heute.

Stein des Anstoßes waren anfangs, zumindest bei mir, nicht die Medien. Mit einer Reihe von Medienschaffenden hatte ich in wichtigen Phasen meines Lebens ein ausgesprochen gutes und produktives Verhältnis.

**Die Medien und Sie lagen also nicht immer im »Clinch«?**

Nicht *die* Medien, sondern die schon immer beobachtbare, dann 1972 im Bundestagswahlkampf blühende und mit viel Finanzmitteln des Großen Geldes inspirierte und geförderte Manipulation war der Stein des Anstoßes. Die Manipulation von Menschen ist das Hauptthema meines Engagements und Gegenstand einer Reihe von Veröffentlichungen.

Im Bundestagswahlkampf 1972 griffen meist anonyme Gruppen und Geldgeber aufseiten der CDU/CSU in den Bundestagswahlkampf ein, mit geschätzten 35 Millionen DM und 100 verschiedenen Anzeigenmotiven, die von eigens gegründeten, sonderbaren Organisationen und Initiativen geschaltet worden waren. Meist anonym und versehen mit Postfach-Adressen.

Als für den Wahlkampf verantwortlicher Abteilungsleiter Öffentlichkeitsarbeit beim Vorstand der SPD schlug ich vor, diese Intervention des Großen Geldes zum großen Thema des Wahlkampfes zu machen. So etwas war unüblich. Man nimmt doch den Namen des Gegners nicht in den Mund. Das war eine der geläufigen Wahlkampf-»Erkenntnisse«. Willy Brandt hatte den Mut, meinem Vorschlag zuzustimmen. Seine Kollegen in der Führung der SPD schwiegen, unterstützten uns jedenfalls nicht, auch deshalb, weil sie vermuteten, dass Willy Brandt diese Wahl sowieso verlieren würde. Helmut Schmidt, für den ich dann in seiner Kanzlerzeit ab 1974 als Leiter der Planungsabteilung arbeitete, ließ gelegentlich den Vorwurf fallen, ich hätte mit der 1972er-Kampagne gegen das Große Geld das Verhältnis der SPD zur Wirtschaft beschädigt. Fairerweise ist anzumerken: Diese seine Einschätzung prägte nicht den Charakter unserer Zusammenarbeit.

Der herausragende Wahlsieg mit 45,8 % – nie davor und nie danach wieder erreicht – hat viele Ursachen. Aber eine wichtige Ursache ist die bewusste und wiederkehrende Analyse der Attacke des Großen Geldes. Die offene Thematisierung dieses Anschlags auf die demokratische Willensbildung hat Hunderttausende von Menschen mobilisiert. Sie haben in Gesprächen, mit Buttons und mit Aufklebern ihre Meinung kundgetan und quasi eine Volksbewegung gegen das Große Geld und für die damalige SPD und ihren Bundeskanzler Brandt in Gang gesetzt. Einer der Mitstreiter im damaligen Wahlkampf, Jörg Richter, hat die vielen Anzeigen zusammengestellt, zusätzlich einige Autoren gewonnen und das Ganze als rororo-aktuell veröffentlicht. In diesem Bändchen ist auch ein Beitrag von mir veröffentlicht mit der Überschrift: »Wir sind noch einmal davongekommen«. – Der Titel des kleinen Buches lautete: »Klassenkampf von oben? Oder Angstmacher von rechts. Dokumente und Analysen eines gescheiterten Wahlkampfes«.

Wer für ein solches Buch schreibt, der muss schon per se als umstritten gelten. Und wer die Machenschaften des Großen Geldes beschreibt, der muss ja wohl ein Verschwörungstheoretiker sein. Ich kann jeder Leserin und jedem Leser, die über wirklich entscheidende Vorgänge in der westdeutschen Republik informiert sein wollen, empfehlen, dieses rororo-aktuell Nummer 1658 zur Hand zu nehmen. Es sagt mehr über die Realität der westdeutschen Republik als viele hochtrabende Analysen von Historikern und anderen Professoren.

Wer auf solche Weise Klartext redet, gilt als umstritten. So ist das hierzulande.

**Die Schilderung der Bundestagswahl von 1972 hört sich so an, als ob die Medien eher nur eine untergeordnete Rolle gespielt haben.**

Die Medien waren unbedeutend in diesem Bundestagswahlkampf. Bedeutend waren die Menschen. Sie meldeten sich in dieser Wahlauseinandersetzung zu Wort, redeten mit anderen, auch außerhalb von Parteiveranstaltungen. Die mir nicht sonderlich sympathische Chefin des Allensbach Instituts, Elisabeth Noelle Neumann, hat dem Vorgang freundlicherweise ein publizistisches Denkmal gesetzt, als sie von der Überwindung der Schweigespirale sprach, die in diesem Wahlkampf geschafft worden sei.

**Die Medien haben Sie aber schon früh beschäftigt. Auch deren Destruktivität. Sie erwähnten mir gegenüber mal Ihren Einsatz für einen »fernsehfreien Tag«. Was hatte es damit auf sich?**

Vorweg: Dabei ging es nicht zuallererst um die Medien, sondern das Verhalten vieler Menschen. Zum Hintergrund: Die Planungsabteilung des Bundeskanzleramtes ging einmal im Jahr in Klausur. Eine Woche lang Nachdenken über das folgende Jahr. Über politische und gesellschaftliche Probleme, über die großen Themen und Konflikte, über wichtige Botschaften und Formulierungen, die vom Bundeskanzler gebraucht werden sollten. Werner Gessler, damals Referent in der Planungsabteilung, merkte auf einer dieser Klausuren an, er habe vor Kurzem gelesen, in Ungarn sei ein fernsehfreier Tag vorgeschlagen worden. Wir haben diese Idee diskutiert, wir haben sie durchdacht und formuliert und dann auch durch das Sozialforschungsinstitut Sinus in Heidelberg in sogenannten Gruppengesprächen testen lassen.

Eines der ersten Gruppengespräche ist mir noch sehr gut in Erinnerung.

**Warum?**

Ich konnte es in Heidelberg selbst verfolgen. Vor allem die in der Gruppe anwesenden Mütter reagierten geradezu elektrisiert auf den Vorschlag, einmal in der Woche einen fernsehfreien Tag einzulegen. An die engagiert farbige Schilderung einer Mutter kann ich mich noch gut erinnern: Wenn ihr Mann von der Arbeit nach Hause komme, dann setze er sich zur Entspannung mit einer Flasche Bier vor den Fernseher. Und dann passiere es oft, dass ihr kleiner Sohn an den Sessel des Vaters komme und ihm am Ärmel zupfe – in der Erwartung, ein bisschen mit dem Vater sprechen oder spielen zu können. Dieser reagiere in der Regel unwirsch. Fernsehen ist attraktiver.

**Und dann?**

Wir haben den Vorschlag ausformuliert und ihn dem Bundeskanzler vorgelegt. Das geschah gerade Anfang des Monats Mai 1978, als in der zweiten Hälfte eine Besprechung des Bundeskanzlers mit den Ministerpräsidenten vorgesehen war und vonseiten der CDU/CSU-Ministerpräsidenten dabei ein Vorschlag zur Test-Verkabelung von elf Städten der Bundesrepublik Deutschland vorgelegt werden sollte und vorgelegt wurde. Der sozialdemokratische Postminister Gscheidle war in die Pläne der CDU/CSU eingeweiht und befürwortete sie. Aber unser Vorschlag zum fernsehfreien Tag konterkarierte die Pläne der CDU/CSU. Bundeskanzler Helmut Schmidt folgte ihnen nicht. Im Gegenteil. Am 26. Mai 1978 veröffentlichte er in der *Zeit* sein »Plädoyer für einen fernsehfreien Tag«.

Anzumerken ist hier noch, dass der Vorschlag nicht so gemeint war, dass das Fernsehen an einem Tag der Woche nicht stattfinden sollte. Der Vorschlag zielte darauf, dass sich eine Familie oder ein Paar darauf verständigt, einmal in der Woche die Glotze auszulassen.

Übrigens: Die Thematisierung des Fernsehkonsums und auch der konkrete Vorschlag haben das Profil des Bundeskanzlers Helmut Schmidt positiv erweitert. Sein ursprüngliches Profil war geprägt von kalter Sachlichkeit, von Professionalität und ökonomischem Sachverstand. Dass er sich auch mit dem Zusammenhalt von Familien, mit dem Aufwachsen von Kindern in einer Familie und mit dem Verhältnis von elektronischer zu personaler Kommunikation beschäftigt und letztere für wichtig hält, das wusste man bisher nicht von ihm.

**Lassen Sie uns einen Sprung nach vorne machen. Gehen wir in das Jahr 2000 und zu einem anderen Thema, zur Erfindung der NachDenkSeiten.**

Am 12. Oktober 2000 wurde die Initiative Neue Soziale Marktwirtschaft (INSM) aus der Taufe gehoben. Sie wurde von den Arbeitgebern der Metall- und Elektroindustrie gegründet und reichlich mit finanziellen Mitteln ausgestattet, mit Millionen. Kuratoriumsvorsitzender wurde der ehemalige Staatssekretär im Bundesfinanzministerium Hans Tietmeyer. Ich kannte ihn und seine Denkungsart gut, weil er Grundsatzreferent und – in der Zeit vor mir – Redenschreiber bei Bundeswirtschaftsminister Karl Schiller (SPD) war. Tietmeyer hatte diese wichtige Funktion, obwohl er aktives Mitglied der CDU und Vorsitzender der CDU in Bad Godesberg war. Jetzt, rund 30 Jahre später, war er dazu ausersehen, Propaganda für die Konservativen und die Wirtschaft zu machen.

**Wie ging's weiter?**

Es war absehbar, dass die Gründung der Initiative Neue Soziale Marktwirtschaft auch gegen die Gewerkschaften und ihren ohnehin minimalen Einfluss auf die Gesellschaft antreten sollte. Damals hatte ich recht engen Kontakt zur IG-Metall und habe deshalb dort angeregt, sich auf diese neue Kampagnen-Organisation einzustellen. Einige Leute im Vorstand der IG Metall dachten wie ich und beauftragten mich, eine Studie mit Vorschlägen für die Auseinandersetzung mit der INSM anzufertigen. Einen Aufenthalt im Januar 2001 bei Freunden auf der Insel Hvar in Kroatien habe ich dazu genutzt, mir Gedanken zu machen und etwas Konstruktives aufzuschreiben. Kern dieses Papiers war der Vorschlag zur Gründung einer kritischen Internetseite, um damit ein Instrument zur Abwehr und zum Konter der Aktionen der Initiative Neue Soziale Marktwirtschaft aufzubauen. Die Idee für die NachDenkSeiten ist also in einem Gästezimmer, in einem im Winter kalten Gästezimmer der Familie Plenković in Sveta Nedjelja geboren worden.

**Wie alt waren Sie damals?**

62 Jahre

**Sie haben zumindest relativ früh an das Internet als neues Medium mit seinen Möglichkeiten gedacht.**

**Wie kam es dazu?**

Das weiß ich nicht mehr genau. Man muss ja immerhin bedenken, dass es nach meiner Erinnerung damals fast noch keine E-Mail-Adressen gab und Webseiten von Parteien und anderen Organisationen auch nicht. Selbst wenn es sie gab, nur wenige Zeitgenossen haben sie genutzt.

**Wie ging es mit Ihrem Vorschlag zum Aufbau einer kritischen Internetseite weiter?**

Der Vorschlag wurde zunächst in Teilen des Vorstands der IG Metall positiv aufgegriffen, dann aber wieder begraben. Auch ein Vorstoß beim DGB hatte nur eine vorläufige Zustimmung und dann eine Absage gebracht.

**War damit die Idee erledigt?**

Ich musste die Idee begraben, *mit* Unterstützung von Gewerkschaften dieses Projekt in Gang zu setzen. So verging das Jahr 2001 und dann auch das Jahr 2002 mit der Suche nach Partnern für das Projekt einer kritischen Internetseite. Aber wir blieben am Ball und dachten weiter nach. Ein Kunstlehrer des Trifelsgymnasiums in Annweiler, dessen Leiterin meine verstorbene Frau

Anke war, begann mit uns zusammen in abendlichen Sitzungen das Projekt weiterzuentwickeln. Er kannte Lars Bauer und brachte ihn eines Tages mit zu den gemeinsamen Planungs- und Entwicklungssitzungen. Lars Bauer ist seit damals und bis heute als Webmaster des Projektes an zentraler Stelle mit dabei.

Es fehlte noch ein Partner auf der Redaktionsseite. Den fanden wir 2003 dann in meinem früheren Mitarbeiter im Bundeskanzleramt und späteren Staatssekretär in NRW, Dr. Wolfgang Lieb. Lieb war bereit, das Projekt zusammen mit Lars Bauer und mir anzuschieben. Meine früher entwickelte und befürchtete Vorstellung, zum Start und zum Betrieb einer solchen Einrichtung bräuchte man sechsstellige Summen, haben wir dann gemeinsam begraben.

**Wann gingen die NachDenkSeiten an den Start?**

Am 30. November 2003 erschien der erste Artikel. 2005 gründeten wir den Förderverein, die »Initiative zur Verbesserung der Qualität politischer Meinungsbildung e. V.« (IQM). Zuvor war alles aus unter uns Betreibern gesammelten Mitteln bezahlt worden.

**Und dann? Wie finanzieren sich die NachDenkSeiten?**

Damals und bis heute haben die NachDenkSeiten keinen Großspender. Das ist ungemein wichtig für die Unabhängigkeit eines solchen Mediums. Bis heute leben, arbeiten und publizieren die Macher der NachDenkSeiten ohne die Unterstützung von finanzkräftigen Zeitgenossen. Der Förderverein IQM e. V. lebt vor allem von Spenden zwischen fünf und 50 Euro monatlich. Darüber hinaus gibt es einige wenige Freundinnen und Freunde der NachDenkSeiten, die gelegentlich im Jahr 200, 500 und im Einzelfall 2 000 Euro spenden.

Die Struktur dieser finanziellen Basis haben wir uns nicht ausgesucht und auch nicht geplant. Sie erweist sich jedoch als eine ausgesprochen glückliche, hilfreiche Struktur.

**Inwiefern?**

Die Redaktion der NachDenkSeiten ist absolut unabhängig. Vielleicht macht uns das in den Augen mancher Zeitgenossen zu einem Problem. Sie sind gewohnt, politischen und gesellschaftlichen Einfluss über finanzielle Leistungen und damit verbundenen Druck zu erreichen. Bei den NachDenkSeiten klappt das nicht und wird deshalb glücklicherweise auch gar nicht versucht.

**Das klingt ja erst mal gut und auch harmonisch. Aber dann kam es zu einer Auseinandersetzung.**

**Was war passiert?**

Der Mitbegründer und Mitherausgeber der NachDenkSeiten Lieb ist 2017 ausgestiegen. Er hat diesen Abschied leider mit einer Philippika verbunden, die bei manchen Zeitgenossen das Einzige darstellt, das sie von den NachDenkSeiten wissen. So scheint es jedenfalls. Immer wieder begegne ich in Nachfragen und Interviews dem Hinweis auf Wolfgang Lieb und dessen Ausstieg. Es ist so, als gäbe es in Bezug auf die NachDenkSeiten nur dieses Ereignis. Das ist grotesk. Denn dieser Vorgang spielt bei unserer Arbeit und auch beim Ergebnis der Arbeit, wie es sich jeden Tag auf den NachDenkSeiten wiederfindet und auch immer mehr Anhänger findet, nicht die geringste Rolle. Der Vorgang steht aber halt auf Wikipedia. Und das ist die einzige Quelle der Information für viele Menschen und wohl auch vieler Publizisten. Man glaubt es kaum.

Der Ausstieg von Wolfgang Lieb ist zwar bedauerlich, aber er hat der Leistungsfähigkeit der NachDenkSeiten keinen Abbruch getan. Qualität und Vielfalt sind gewachsen. Wir haben inzwischen viele Gastautoren und vor allem eine eingespielte Gruppe von Machern und Redakteuren, die sich jeden Tag als sehr leistungsfähig erweisen. Das ist auch deshalb möglich, weil wir ohne nennenswerte Konflikte arbeiten. Die Zugriffszahlen steigen. Die finanzielle Basis der NachDenkSeiten ist dank der Treue und Großzügigkeit der Spender ausgezeichnet. Auch deshalb, weil wir kein Geld hinauswerfen und sparsam wirtschaften. Aber vor allem wegen der Leistungsbereitschaft unserer Förderer. Diese ist das Spiegelbild der Qualität unserer Arbeit. Ohne sie gäbe es die Bereitschaft zur finanziellen Förderung nicht.

**Für die Leser, die die Situation von damals nicht kennen: Was war der Grund dafür, das Lieb ausgestiegen ist?**

Für die Zusammenarbeit zwischen den beiden Herausgebern Wolfgang Lieb und mir galt von Anfang an die Regel, dass wir in die Gedanken und die Texte des jeweils anderen nicht hineinreden. Das funktionierte ausgesprochen gut. Ich muss gestehen, dass ich die Artikel meines Kollegen oft gar nicht las, es sei denn, das Thema interessierte mich. Jedenfalls haben wir nicht gegenseitig kontrollgelesen. So etwas hätte dem Geist der NachDenkSeiten und auch dem Charakter unserer Zusammenarbeit und damaligen Freundschaft total widersprochen.

**Dann passierte was?**

Das änderte sich im Jahre 2014. Lieb hatte zum Beispiel Probleme damit, dass ich ein Gespräch mit Ken Jebsen führte. Das Gespräch wurde in zwei Teilen veröffentlicht. Ken Jebsen war damals ein vom öffentlich-rechtlichen Rundfunk gedemütigter Kollege. Dem Geist der NachDenkSeiten hätte es entsprochen, sich mit ihm solidarisch zu zeigen. Das war aber nicht der Grund dafür, dass ich das Gespräch mit ihm führte. Der Grund war einfach der, dass er Interessantes zu sagen und zu fragen hatte.

Dass Wolfgang Lieb das Interview mit diesem Menschen nicht gut fand – unabhängig vom Inhalt –, ist in gewisser Weise typisch für den Konflikt mit Lieb. Er orientierte sich, so meine Wahrnehmung, immer auch am Meinungsbild des Mainstreams, stückchenweise sozusagen. Dort war Ken Jebsen von Anfang an nicht wohlgelitten. Deshalb hat Lieb wohl nicht verstanden, wieso ich ein Interview und noch dazu ein langes zweiteiliges mit diesem Außenseiter machen konnte. Liebs Kritik und Widerstand fand ich empörend, denn es gehörte zum Charakter der NachDenkSeiten, dass sie sich nicht am Mainstream orientierten und schon gar nicht an abwegigen Positionen.

**Das war einer der Konflikte. Gab es noch andere?**

Ja, das zweite Thema, das völlig überraschend Konflikte bescherte, war der Umgang mit den USA und die Sicht auf die USA. Auch daran kann ich mich noch sehr gut erinnern. Pardon, dass ich ein bisschen aushole: Der Mann meiner Lieblingscousine feierte seinen 75. Geburtstag auf einem angeheuerten Ausflugsboot auf dem Rhein bei Speyer. In einer kleinen Runde – übrigens meist viel konservativere Zeitgenossen als ich – sprachen wir über das Verhältnis zu den USA und über die bedrückenden Kriege dieser Nation. Eine Teilnehmerin dieser Runde meinte spontan und mit Zustimmung der anderen, ich solle darüber doch etwas auf den NachDenkSeiten schreiben. Sie habe auch schon den Titel des Textes: »Der Tod kommt aus Amerika«.

Diesem Vorschlag bin ich gefolgt – mit dem durchschlagenden Erfolg eines weiteren fundamentalen Konfliktes mit Wolfgang Lieb. Wie gesagt, bis dahin war ein solcher Konflikt völlig ausgeschlossen, weil wir jeweils die Aktivitäten, die Gedanken und Texte des anderen, des Partners und Freundes, nicht kontrollierten und schon gar nicht dreinredeten.

Damals gab es den Bruch. Ein Jahr später wurde es richtig schlimm. Die gewohnte konfliktlose Zusammenarbeit war nicht mehr möglich.

**Wie betrachten Sie diese Konflikte aus heutiger Sicht? Wie bewerten Sie sie?**

An beiden Beispielen wird sichtbar, dass Lieb und ich uns doch offensichtlich nicht so einig waren, wie zumindest ich dachte. Ich hätte nie geglaubt, dass wir angesichts der massiven militärischen Interventionen der USA all überall auf der Welt über die Aussage »Der Tod kommt aus Amerika« in Streit geraten.

Ansonsten aber bleibt trotz aller berechtigter Kritik am Ausstieg und an den Umständen des Ausstiegs von Wolfgang Lieb anzumerken, dass seine Bereitschaft, bei diesem Projekt mitzumachen, für die Entscheidung zur Gründung der Nachdenkseiten im Jahre 2003 wichtig war.

**Die NachDenkSeiten haben weitergemacht.**

Wenn ich gerade richtig nachgeschaut habe, dann sind seit Gründung der NachDenkSeiten über 100 000 Artikel erschienen. Wir haben eine beachtenswerte Aufklärungsleistung erbracht. Das ist nicht nur mein Eindruck. Das ist der Eindruck Tausender Leserinnen und Leser. Die NachDenkSeiten waren zugleich Anstoß für andere kritische Internetseiten. Wir haben ein Stück Pionierarbeit geleistet. Und dann werde ich interviewt wie jetzt von Ihnen und dann fragen Sie und auch alle anderen nach dem fast zehn Jahre zurückliegenden Konflikt mit Lieb und machen daran die Umstrittenheit meiner Person und meiner und aller anderen Kolleginnen und Kollegen fest.

»Umstritten« – dieses Etikett folgt im konkreten Fall nicht einer sachlichen Bewertung der Konflikte und Vorgänge. Das Etikett geht auch nicht auf eine gründliche und sorgfältige Prüfung unserer Arbeit und der 100 000 Artikel zurück. Das Etikett folgt aus der Lektüre von Wikipedia zum Stichwort NachDenkSeiten. Dort gibt es eine Passage zum Konflikt mit Lieb, die ich zitieren möchte. In Ordnung?

**Gerne.**

Stand 05.10.2023 19:37 Uhr: »Am 23. Oktober 2015 stellte Wolfgang Lieb seine Mitarbeit bei den NachDenkSeiten ein. Er beschrieb, dass sich die NachDenkSeiten mit einem zunehmenden Anteil von Beiträgen seines Mitherausgebers Albrecht Müller nach und nach verändert und verengt hätten, sowohl thematisch als auch in der Methode der Kritik und der Art der Auseinandersetzung. Müller rufe nur mehr zum ›Kampf‹ gegen ›die Herrschenden‹ und ›die Medien‹ auf anstatt zum Nachdenken.«

An dieser dreisten Behauptung, ich würde nicht mehr zum Nachdenken aufrufen, wird die fundamentale Kritik an den NachDenkSeiten aufgehängt. Es wäre zum Lachen, wenn es nicht so bösartig wäre. Es wäre zum Lachen, wenn man an diesem Vorgang nicht feststellen muss, dass unzählige Personen und auch solche, die sich als kritisch und fortschrittlich verstehen, ihr Urteil über ein Projekt und die dafür verantwortliche Person an fünf Zeilen bei Wikipedia festmachen.

Dieser Vorgang sagt viel über den Zustand unseres Landes und vor allem über die sogenannte Debattenkultur aus.

**Kritiker dürften bei diesen Ausführungen widersprechen.**

Ist das so? Dann kann ich nur sagen: Donnerwetter, eine Bestätigung mehr für die Dürftigkeit der Kritik.

**Manche Akteure betrachten Sie als umstritten. Und dann kommen Vorwürfe wie: Nähe zu Verschwörungstheorien, Querfront, Nähe zu Putin und Russland.**

**Wie nehmen Sie diese Vorwürfe wahr? Was entgegen Sie diesen Kritikern?**

Ich und übrigens auch die Redaktion der NachDenkSeiten müssen sich wohl damit abfinden, dass Lieb als Kronzeuge gegen ein Projekt auftritt bzw. zitiert wird, das er selbst mit gestartet und mitgetragen hat. Schade.

Das Etikett in Variation, nämlich Verschwörungstheoretiker und Verschwörungsideologe, ist jedenfalls etwas schlicht und ziemlich dämlich. Was ist das für eine billige Attacke! Ohne jegliche sachliche Begründung. Denn in allem, was ich gedacht und geschrieben habe, findet man nirgendwo irgendetwas Verschwörungstheoretisches. Ich bin zur Erfindung von Verschwörungstheorien ganz und gar nicht begabt. Verschwörungen fallen mir nicht ein. Aber das macht nichts. Das Etikett wird angeheftet. Es sitzt und dann kann man über den Etikettierten herfallen. So entsteht dann Umstrittensein.

**Könnte das »Umstrittensein« auch etwas mit Ihrer Arbeit als Buchautor zu tun haben?**

Bücher zu schreiben war eigentlich nicht meine Absicht. Und dann ist es dennoch eine Reihe von Büchern geworden, manche ohne Erfolg, manche mit großem Erfolg. Auch sogenannte Bestseller sind darunter.

**Was waren das für Bücher?**

2003 habe ich parallel zur Arbeit an der Gründung der NachDenkSeiten an einem für unser Thema wichtigen Buch gearbeitet: *Die Reformlüge. 40 Denkfehler, Mythen und Legenden, mit denen Politik und Wirtschaft Deutschland ruinieren.* Dieses Buch war zum einen eine fundierte Auseinandersetzung mit der sogenannten Reformpolitik des Bundeskanzlers Schröder und seiner Mitstreiter. Es war aber auch zugleich eine Fibel zum Begreifen und zur Analyse von Denkfehlern, die vor allem die wirtschaftspolitische und gesellschaftspolitische Debatte prägen und beschädigen.

Im Jahre 2006 erschien dann: *Machtwahn. Wie eine mittelmäßige Führungselite uns zugrunde richtet.*

Und dann 2009 erschien *Meinungsmache. Wie Wirtschaft, Politik und Medien uns das Denken abgewöhnen.*

Die Veröffentlichung von allen drei Büchern, also von *Die Reformlüge, Machtwahn* und *Meinungsmache,* hat vermutlich sehr dazu beigetragen, dass ich in etablierten Kreisen zur »umstrittenen« Person erklärt worden bin. Alle drei Bücher haben nämlich die Schwächen des Establishments und der meinungsführenden Personen sowie der sogenannten Eliten aufgedeckt. Und ich habe das jeweils mit dem notwendigen ökonomischen Sachverstand getan, erklärt und begründet.

**Ein zentrales Thema in Ihren Büchern ist »Manipulation«.**

Das stimmt. Wie schon die Bücher davor und auch die folgenden Bücher und Veröffentlichungen kreist vieles um das Thema Manipulation. Wie auch die NachDenkSeiten gegründet worden sind, um sichtbar zu machen, wie wir manipuliert werden, ist das in den Büchern konsequent skizziert worden. Das stört. Deshalb haben die meinungsführenden Personen und Institutionen in mir einen Störfaktor und Gegner erkannt.

2012 ist ein Buch über den damals kandidierenden und gewählten Joachim Gauck erschienen: *Der falsche Präsident. Was Pfarrer Gauck noch lernen muss, damit wir glücklich mit ihm werden.*

2020 erschien eine Sammlung von 70 Zeitzeugen zu den missachteten Folgen der Coronapolitik. Der Titel: *Die im Dunkeln sieht man nicht.*

2019 erschien ein zentrales Buch mit dem Untertitel *Wie man Manipulationen* durchschaut. Der Titel selbst lautet: *Glaube wenig. Hinterfrage alles. Denke selbst.* In diesem Buch, das 2022 in erweiterter Fassung erschien, liefere ich eine Handreichung zum Erkennen der unsere Gesellschaft und unser Leben bestimmenden Praxis, uns zu manipulieren und damit in den Griff zu bekommen und zu gängeln. Es werden 19 Methoden der Manipulation beschrieben. Und in 22 weiteren Kapiteln werden Fälle von Meinungsmache und die dahinter steckenden Strategien beschrieben und erläutert.

Wer so etwas schreibt, wer so etwas öffentlich macht, der muss als umstritten gelten und als solcher diffamiert werden. So ist es, obwohl die Beschreibung der Manipulationsmethoden und der uns umgebenden Fälle eine zentrale aufklärende Wirkung hat. So sieht Aufklärung aus. Und Aufklärung ist umstritten.

So viel zu diesem lange zurückliegenden Vorgang.

**Haben diejenigen, die über Sie und die NachDenkSeiten entsprechende negative Beiträge veröffentlichen, Sie vorher kontaktiert? Gab es Treffen, wo man sich gegenübersaß, in die Augen schaute und miteinander geredet hat?**

Nichts davon. Keine Kontaktaufnahme. Motor der Kritik war und ist ja neben anderen ein Pärchen von ehemaligen Abgeordneten und Funktionären der Grünen Partei: Ralf Fücks und Marieluise Beck. Sie betreiben eine Webseite, das Zentrum Liberale Moderne. Sie haben einen massiven Angriff auf die NachDenkSeiten gestartet und dazu einen Wissenschaftler aus Trier eingespannt: Markus Linden. Er betreibt sogenannte »Gegner-Analysen« und hat als Erstes die NachDenkSeiten untersucht. Alles ohne Kontakt zu uns, alles ohne Nachfrage, dafür aber mit Steuergeld gefördert. Alleine dieser Vorgang ist ein solcher Skandal, dass es einem die Sprache verschlägt.

Eine Anmerkung am Rande: Als die Grünen gegründet wurden, habe ich für Bundeskanzler Helmut Schmidt gearbeitet. Dieser war skeptisch gegenüber dieser neuen und jugendlich auftretenden Bewegung. Ich habe damals bei ihm dafür geworben, für die neue politische Bewegung und Partei offen zu sein und eine Zusammenarbeit nicht auszuschließen. Weil wirklich massiv mehr Umweltschutz nötig war, hatte ich eine große Sympathie für die Grünen. Aber ich hatte falsch eingeschätzt, was für jämmerliche Charaktere sich dort durchsetzen würden.

**Wie kann sich die Öffentlichkeit, wie können sich Bürger wehren, wenn Akteure, welche vorherrschende »Wahrheiten« hinterfragen, Journalisten mal wieder als »umstritten«, als »Verschwörungstheoretiker« usw. brandmarken?**

Da kann ich nur den Titel meines erwähnten neuesten Buches zitieren: Glaube wenig. Hinterfrage alles. Denke selbst.

Und lass dich nicht ins Boxhorn jagen. Lass dich nicht einschüchtern. Und informiere dich bei kritischen Quellen wie zum Beispiel den NachDenkSeiten.

**Zum Abschluss des Gesprächs: Zu Beginn des Interviews haben Sie darüber gesprochen, wie wichtig Ihnen Frieden ist. Wie müsste eine neue Friedenspolitik heute aussehen?**

Diese letzte Frage ist ja abendfüllend. Ich könnte auf einen Vortrag verweisen, den ich im September 2022 in meiner Heimatstadt Heidelberg gehalten habe.[3]

Ich will mich aber mit diesen Hinweisen auf die damalige Veranstaltung nicht herausreden und stattdessen in Stichworten Ihre abschließende Frage beantworten:

Wir sollten uns an die zentrale Aussage der Regierungserklärung Willy Brandts vom 28. Oktober 1969 erinnern und uns darauf besinnen: Wir wollen ein Volk der guten Nachbarn sein.

Das galt damals für das Verhältnis zum noch in Konfrontation stehenden Osten, also gegenüber Polen, der DDR, der Tschechoslowakei, Ungarn, der Sowjetunion usw. Auch für diese Völker wollten wir und wollen wir ein guter Nachbar sein.

Das schließt selbstverständlich heute auch die Russen ein und die Weißrussen und die Chinesen.

Diese politische Einstellung war eine Abkehr von der bis dahin üblichen sicherheitspolitischen Erwägung, aufzurüsten und damit potenzielle Gegner abzuschrecken.

Abschreckung. Aufrüstung. Wiederaufrüstun – das waren die Parolen des Kalten Krieges und der Konfrontation der Fünfziger- und beginnenden Sechzigerjahre des letzten Jahrhunderts.

1963 haben dann Willy Brandt und Egon Bahr bei einer Konferenz der Evangelischen Akademie in Tutzing eine erste Formel der Entspannungspolitik eingeführt: Wandel durch Annäherung. Dahinter steckte die Vorstellung, dass Veränderungen im Ostblock erreichbar wären, wenn die Konfrontation von Annäherung abgelöst würde. Diese Politik war erfolgreich und es gibt keinen Grund, nicht wieder darauf zurückzukommen.

Konkret heißt heute Friedenspolitik, massiv zu intervenieren, wenn, wie üblich, Feindbilder aufgebaut werden. Das ist ganz konkret das neu belebte Feindbild von den Russen. Es ist unglaublich, wie in diesen Zeiten Emotionen, die in den Fünfzigerjahren des letzten Jahrhunderts gängig waren, auf heute wieder übertragen werden. Russen-Hass wird gepredigt und forciert. Ich hätte nicht gedacht, dass das noch mal möglich sein könnte. Auch deshalb halte ich es für zentral, dass alle Menschen, die im Frieden leben wollen, mithelfen, gegen diesen neuen Feindbildaufbau gegenüber Russland und gegenüber China anzugehen. Wir wollen ein Volk der guten Nachbarn sein – das gilt auch im Verhältnis zu Russen und Chinesen.

Ich würde bei allen friedenspolitischen Überlegungen auch den selbstverständlichen Gedanken mit einfügen, dass es uns gerade in Bezug auf Russland und auf China sogar guttut, wenn wir von der Konfrontation zur Zusammenarbeit zurückkehren. Diese Art von Friedenspolitik ist auch wirtschaftlich und sozial von positiver Bedeutung für unser Land und unser Volk. Frieden und soziale Sicherheit, Frieden und Wohlstand, Frieden und Freiheit gehören zusammen.

# Analyse ZDF-Sendung: Lanz: »Frau Guérot. Genau das hilft heute nicht weiter. Nein, nein, nein.« – von Marcus Klöckner

Es ist Donnerstag, der 2. Juni 2022. Das ZDF strahlt die Talkshow Markus Lanz aus. Zu Gast sind neben Ulrike Guérot die FDP-Bundestagsabgeordnete Marie-Agnes Strack-Zimmermann, der Journalist Frederic Pleitgen und die Buchautorin Natalie Amiri.

Guérot wird erwartungsgemäß einen friedenspolitischen Standpunkt vertreten und nicht einschwingen in die Forderungen nach immer mehr Waffen für die Ukraine – zum Missfallen von Lanz und Gästen. Im Vorgespräch zur Sendung wurde Guérot nach eigenen Angaben versichert, sie würde den gesamteuropäischen Kontext benennen und auf den Unterschied zwischen US-amerikanischen und europäischen Interessen in diesem Krieg zu sprechen kommen dürfen.

Die Sendung wird im Verlauf zum Abbild für den desolaten Zustand des öffentlich-rechtlichen Polit-Talks. Eine ausgewogene Zusammensetzung? Fehlanzeige! Der Moderator wird selbst zur Partei, bezieht Position gegen Guérot. Im Verbund mit Strack-Zimmermann und Pleitgen ist eine regelrechte Zusammenrottung zu beobachten. Guérot wird völlig isoliert. Lanz fällt Guérot immer wieder ins Wort, eine inhaltliche Auseinandersetzung nach den Prinzipien von Argument und Gegenargument kommt aufgrund permanenter Unterbrechungen, neuer Vorwürfe, Einwände usw. so gut wie nicht zustande. Distanziertheit zu den eigenen politischen Überzeugungen sind bei Lanz nicht zu erkennen. Das Resultat ist eine Moderation, die den Namen nicht verdient, und ein Journalismus, der die Komplexität der Kriegsrealität und die Gründe für den friedenspolitischen Standpunkt von Guérot nicht erfassen will.

*Anmerkung: Zu Beginn dieses Projekts stand die Frage im Raum, ob Teile dieser Lanz-Sendung mit ins Buch aufgenommen werden sollten. Schnell war klar: Der gesamte Teil der Lanz-Sendung zum Ukraine-Krieg sollte mit in das Buch. Jeder kann sich zwar die Sendung auf der Seite des ZDF oder auf YouTube anschauen, aber im Sinne der Dokumentation ist eine transkribierte Fassung zum Lesen sinnvoll. Das Kernanliegen des Buches ist es, sichtbar zu machen, wie mit Guérot umgegangen wurde. Dazu ist die Lanz-Sendung hervorragend geeignet. Im Folgenden wird nun das Gespräch mit Anmerkungen versehen. Zu den meisten Antworten würde es mehr zu sagen und zu analysieren geben. Aber das würde den Rahmen des Buches sprengen. Ein großer Dank gilt dem Verlag, der die Sendung für das Buchprojekt transkribiert hat. Manche Stellen wurden im Sinne der Lesbarkeit leicht geglättet. An anderen Stellen, wo es aufgrund einer zu sehr fragmentierten Sprache eher schwieriger war, haben wir Dopplungen, Bruchstellen usw., die in der gesprochenen Sprache mitunter vorkommen, stehen lassen.*

Transkript: Strack-Zimmermann und Ulrike Guérot zu Waffenlieferungen und Friedenslösungen | Lanz vom 02.06.22 | bis ca. 00:20:00[1]

**Markus Lanz (spricht zu Strack-Zimmermann):** Der Kanzler hat gestern verkündet, dass die Ukraine jetzt modernes Flugabwehrsystem, äh, oder -systeme bekommt. Wie zufrieden sind Sie als härteste Scholz-Kritikerin mit dem, was da jetzt angesagt ist?

**Anmerkung:** »Wie zufrieden sind Sie als härteste Scholz-Kritikerin ...« ist eine Frage, die im Hinblick auf einen kritisch ausgerichteten Journalismus einer Bankrotterklärung gleichkommt. Die Frage ist weichgespült, von Zuckerwatte umgeben. Die Zufriedenheit oder Nichtzufriedenheit von Strack-Zimmermann ist irrelevant in Anbetracht der Tatsache, dass deutsche Waffen gegen Russen gerichtet werden. Zur Erinnerung: Etwa 27 Millionen Sowjetbürger wurden durch die Wehrmacht ermordet. Dazu gehören Millionen auf dem Gebiet des heutigen Russlands. Zu den Opfern gehörten auch viele Bürger auf dem Gebiet der Ukraine. Ein moralisches Dilemma wird offensichtlich. Einerseits lässt sich eine moralische Verpflichtung Deutschlands, den Ukrainern, also den Opfern eines russischen Angriffs, zu helfen, nachvollziehen. Andererseits ist es aufgrund der Geschichte, das heißt: des Mordens der deutschen Wehrmacht in Russland, moralisch ein gewaltiges Problem, wenn wieder Russen mit deutschen Waffen getötet werden.

Dieser Dimension der Frage, ob Waffenlieferungen von deutscher Seite deswegen angebracht sind oder nicht, müsste Lanz, im Sinne eines kritischen Journalismus, sofort Raum geben. Doch schnell wird dem Zuschauer klar: Diese Überlegung ist eben nicht sein Standpunkt. Er sieht keinen Sinn darin, Strack-Zimmermann mit einer Frage, die die Sinnhaftigkeit deutscher Waffenlieferungen an die Ukraine hinterfragt, zu konfrontieren. Wie aus der medialen Berichterstattung bekannt ist: Waffenlieferungen sind in der in den Leitmedien vorherrschenden Erzählung über den Ukraine-Krieg vernünftig. Diese Sicht kann man – im pluralistischen Sinne – vertreten. Aber ein hochbezahlter Moderator im Öffentlich-Rechtlichen, zu dessen Aufgabe es – eigentlich – gehört, kritische Fragen zu stellen, müsste zwingend auf eine analytischere Weise in das Gespräch einsteigen. Die Frage ist also nicht nur irrelevant, wie oben geschrieben, sie ist auch unangemessen. Sie erinnert an einen Sportreporter, der einen Trainer nach einem Spiel nach der Zufriedenheit mit seiner Mannschaft fragt.

Sehen wir, was auf eine derartige Frage für eine Antwort kommt.

**Marie-Agnes Strack-Zimmermann**: Ich war jetzt nicht ganz

überrascht, weil ich es wusste. Ich war überrascht, dass er es laut verkündet hat, weil wir, ähm, ja diesbezüglich uns etwas zurückhalten in der Frage: Was darf man jetzt sagen und was nicht?

**Anmerkung**: Welchen informativen Wert hat diese Antwort? Was lässt sich aus der Antwort im Sinne eines kritischen Interviews ziehen? Die Antwort, die in ihrer offensichtlichen Inhaltsleere nur auf die Form der Kommunikation abzielt, passt letztlich genau zu der ebenso gefälligen, inhaltsleeren Frage.

**Markus Lanz:** Ja.

**Marie-Agnes Strack-Zimmermann:** Insofern war ich angenehm überrascht, dass er das gestern gesagt hat. Und das zeigt, dass da jetzt Bewegung reinkommt, dass wir eben auch bereit sind, in den nächsten Monaten auch sehr funktionstüchtiges, sehr modernes Waffensystem der Ukraine zur Seite zu stellen.

**Anmerkung:** Strack-Zimmermann ist eine erfahrene Politikerin. Sie ist als solche ebenso erfahren in öffentlichen Auftritten. Sie weiß, wenn sie in einer reichweitenstarken Talkshow sitzt, dass bestimmte Inhalte kommuniziert werden müssen – auch unabhängig von den Fragen des Moderators. Wenn Strack-Zimmermann sagt, dass »sehr funktionstüchtige, sehr moderne Waffensysteme« bald an die Ukraine geliefert werden sollen, dann ist das – davon darf ausgegangen werden – eine Aussage, für die sie letztlich in die Sendung gegangen ist. Es ist meines Erachtens eine der zentralen Botschaften, die nach außen (die breitere Öffentlichkeit und der Kreis der Befürworter von Waffenlieferungen) kommuniziert werden soll. Anders gesagt: Diese Aussage wäre von Strack-Zimmermann, so die Annahme, ohnehin an einer Stelle der Sendung gekommen. Dass Strack-Zimmermann diese Kernbotschaft zu so einem frühen Zeitpunkt der Sendung vermitteln kann, ist Markus Lanz und seiner Frage zu verdanken. Das ist aber kein Kompliment für Lanz. Zur Aufgabe eines Moderators und Journalisten in einer derartigen Sendung gehört es nicht, dafür zu sorgen, dass Politiker ihre Kernbotschaften verbreiten können. Seine Aufgabe wäre es, Kernbotschaften, wenn sie ausgesprochen werden, kritisch zu hinterfragen und nicht diesen Botschaften über Steilvorlagen in Form unkritischer Fragen den Weg frei zu machen.

**Markus Lanz:** Und, und, und können Sie mal die große Frage lösen? Das große Rätsel: Warum hat der Mann, der 100 Tage lang im Grunde geschwiegen hat, gestern so eine klare Ansage gemacht, eine Aufzählung, was genau, 15 Millionen Schuss Munition usw. Er wusste mehr als Anton Hofreiter im Bereich Waffen.

**Anmerkung:** Zwischen den Zeilen bespielt diese Frage den »Erlösungscharakter«, den manche Journalisten Scholz' Sinneswandel regelrecht zuschreiben. Wir wissen um die Positionierung der Leitmedien in Sachen Waffenlieferungen. Scholz' Weigerungshaltung haben viele Medien nicht mit Wohlwollen aufgenommen. Im Gegenteil: Es gab einen massiven publizistischen Druck – natürlich nicht nur von den Medien. Der Druck ging einher mit der Erwartungshaltung, dass Scholz endlich nachgibt (»vernünftig« ist). Als Scholz schließlich nachgab, haben Medien diesen Schritt als »Quasi-Erlösung« (im Sinne von: längst überfällig! Endlich!) aufgenommen. Die Frage von Lanz ist vordergründig durchaus nachvollziehbar und angebracht. Allerdings: Es fehlt der kritische Akzent im Hinblick auf das Friedenspolitische. Auf der impliziten Ebene schwingt in der Frage vor und zurück der Tenor der Leitmedien auf die Entscheidung des Kanzlers mit: endlich! Die Formulierung von Lanz, wonach Scholz »gestern eine so klare Ansage gemacht« hat, verweist darauf. Die Aussage von Scholz lässt sich gewiss tatsächlich als »klar« betrachten, aber Lanz – das wird in dem Gesamtzusammenhang deutlich – spricht hier nicht rein analytisch, sondern legitimatorisch. Eine nicht ausgesprochene, aber doch sichtbare Komplizenschaft mit dieser Entscheidung ist auf Subtextebene zu verorten. Simpel ausgedrückt: Lanz selbst dürfte die Entscheidung des Kanzlers »gut« finden.

**Marie-Agnes Strack-Zimmermann:** Also da müssten Sie ihn natürlich jetzt einladen und mal selber fragen.

**Markus Lanz:** [fällt Strack-Zimmermann ins Wort] Haben Sie eine Erklärung dafür, warum das so ist?

**Anmerkung:** Das macht Lanz an dieser Stelle gut. Er hakt nach, er will eine Antwort auf seine Frage. Vom Grundsatz her sicherlich in Ordnung. Schließlich versteht Lanz seine Arbeit. Es ist ja nicht so, dass er nicht weiß, wie Moderation geht. Nur steht diese Frage eben nicht im Dienste einer kritischen Betrachtung. Wir bewegen uns, selbst wenn Lanz vordergründig »kritisch« nachhakt, auf Ebene der weltanschaulichen Gefälligkeit.

**Marie-Agnes Strack-Zimmermann:** Ja, ich könnte mir vorschlagen, da entsteht natürlich Druck. Übrigens jetzt nicht nur Druck aus der Koalition oder aus der Opposition.

**Anmerkung:** Hier inszeniert sich Strack-Zimmermann als »Unschuld«. Sie könne sich vorstellen, dass da Druck entstehe. Die Aussage wird nicht im Ansatz der Situation gerecht, der Scholz ausgesetzt war. Es geht hier nicht um ein »Vorstellen«, dass da Druck entstanden ist. Es geht um die Realität. In der ist – für jeden, der die politische Debatte mitverfolgt hat – Scholz massiv unter Druck geraten. Das war selbst für Außenstehende sichtbar. Auch Strack-Zimmermann hat durch ihr öffentliches Agieren (und, das darf angenommen werden: auch im Hintergrund) mit Druck aufgebaut.

**Markus Lanz:** [fällt Strack-Zimmermann ins Wort] Von Ihnen vor allem.

**Anmerkung:** Auch hier hakt Lanz nach. Vom Prinzip: gut.

**Marie-Agnes Strack-Zimmermann:** Ja, das wäre ein bisschen zu einfach. Also ich möchte da meine Rolle auch nicht überbewerten. Da ist natürlich Druck. Da ist Friedrich Merz, der ihn natürlich aus der Opposition heraus gerne grillt. Aber ich glaube, es ist noch mehr. Es ist einfach die Frage, dass auch die internationalen Partner Erwartungen an Deutschland haben. Wir dürfen nicht vergessen, welche gewaltige Volkswirtschaft wir haben. Und wenn Sie vergleichbar kleinere Länder nehmen, die sehr engagiert sind in der Ukraine, dann wächst da natürlich auch der Druck. Und, ähm, vielleicht hat er einfach mal sagen wollen, was Sache ist. Das kann aber jetzt bedeuten, dass es jetzt wieder paar Wochen ruhiger ist. Aber das war jetzt mal ein wichtiges Signal.

**Anmerkung:** Nun äußert sich Strack-Zimmermann doch noch weiter inhaltlich. Sie gesteht ein, dass es da »natürlich Druck« gegeben hat. Inhaltlich interessant ist die Aussage, wonach es da auch »Erwartungen« von »internationalen Partnern« gegeben habe. An dieser Stelle müsste Lanz nachhaken: Von wem ist hier die Rede? Wer hat hier »Erwartungen« an den Kanzler? Und zwar: so konkret wie möglich! Welches Land? Welche Personen? Mit welchen Hintergründen? Aus welchen Überlegungen heraus bzw. aus welchen Interessen? Strack-Zimmermann ist gut vernetzt und sie tritt ein für Waffenlieferungen. Sie kennt ihre Mitstreiter auch auf internationaler Ebene. Es wäre die Aufgabe von Lanz gewesen, durch kritische Fragen in das »Vage« zu »leuchten«. Allerdings: Dann wäre das Gespräch inhaltlich in eine nicht intendierte Richtung gelenkt worden. Es geht ja eben genau *nicht* darum, die Interessen der Befürworter der Waffenlieferungen zu beleuchten.

**Markus Lanz:** Ich schaue gerade zu Fred Pleitgen. Gibt es diese hohe internationale Erwartung?

**Anmerkung:** Sehr interessant. Lanz hat als Moderator erkannt, dass die Aussage in Sachen »hohe internationale Verantwortung« wichtig ist. Er greift sie auf. Gut. Aber erneut ist die Frage unkritisch. Der US-amerikanische Soziologe Charles Wright Mills gebrauchte den Begriff »Legitimationswissenschaftler«. Damit meinte er Wissenschaftler, die durch ihre öffentlichen Stellungnahmen das Handeln der Herrschenden legitimieren. In diesem Sinne ließe sich Lanz als »Legitimationsmoderator« bezeichnen. Auch von Interesse: Er spricht Frederik Pleitgen mit der Kurzform »Fred« an. Kennen die beiden sich?

**Frederik Pleitgen**: Ja, ich glaube, es gibt, gab …

**Anmerkung:** Nun meldet sich Frederik Pleitgen zu Wort.

Kurz zur Einordnung ein Auszug aus Wikipedia:

*Frederik Pleitgen ist der Sohn des ehemaligen WDR-Intendanten Fritz Pleitgen und seiner Frau Gerda Lichtenberg. Nach seiner Schulzeit, unter anderem an der German International School Washington D. C., studierte er Nordamerikanistik an der Rheinischen Friedrich-Wilhelms-Universität Bonn und an der Freien Universität Berlin. Anschließend war er ein Jahr an der School of Journalism der New York University und erhielt 2004 ein Stipendium für das Institute for Cultural Diplomacy in San Fernando Valley. 2005 erhielt Pleitgen ein Arthur F. Burns Fellowship, das er am International Center for Journalists in Atlanta verbrachte. [...] Pleitgen arbeitete im ZDF-Hauptstadtbüro und im RTL-Hauptstadtstudio. Von 2000 bis 2006 war er als Reporter beim Sender n-tv tätig. Danach wechselte er zum US-amerikanischen Sender CNN.*[2]

Aus diesen Angaben wird deutlich: Es gibt einen sehr starken US-Bezug. Zum Wikipedia-Eintrag von Pleitgen gibt es auch ein Foto. Darauf ist er zu sehen (vermutlich ein »Selfie«), wie er sich auf einem Flugzeugträger befindet.

**Markus Lanz:** [fällt Pleitgen ins Wort] Den, den Druck, von dem Frau Strack-Zimmermann spricht?

**Frederik Pleitgen:** [fällt Lanz ins Wort] Ja, ich glaube, es gibt einen gewissen Druck. Es gab aber sehr lange, glaube ich, eine relativ niedrige Erwartung an Deutschland, vor allem von den USA. Wo man, glaube ich, über Jahre hinweg immer relativ enttäuscht war, wenn es wieder einen internationalen Einsatz gab. Dann kam angemessen an der Größe der Bundesrepublik Deutschland, der finanziellen Größe und der Größe der Armee immer relativ wenig oder oft relativ wenig. Und das war lange Zeit in diesem Fall auch so, also man guckt, was zum Beispiel die USA alles bereitgestellt haben, sowohl finanziell als auch zum Beispiel Aufklärung, äh, der, der Ukraine enorm geholfen hat, bisher aber auch natürlich Waffensysteme und, ähm, da wird, glaube ich, schon dann auch ein gewisser Druck aufgebaut, was zu tun, weil ...

**Anmerkung**: Auch er verniedlicht den massiven Druck, den sich Scholz ausgesetzt sah (»gewissen Druck«). Die Aussagen, die dann folgen, knüpfen an den »Verniedlichungsmodus« an. Alles, was Pleitgen sagt, klingt so harmlos, so lieblich, so harmonisch. Der Eindruck entsteht: Die USA verhalten sich im Hinblick auf das Engagement Deutschland in Sachen »internationale Einsätze« wie liebe Eltern, die mit ihrem etwas uneinsichtigen Kind mit sehr viel Liebe sehr, sehr viel Nachsicht üben. Dieses Bild ist wirklichkeitsentrückt und geht so weit an der Realität vorbei, dass auch an dieser Stelle Lanz förmlich reingrätschen müsste. Doch das Gegenteil ist der Fall (wie wir in der nächsten Lanz-Frage sehen werden). Alleine schon der Komplex »Abhören unter Freunden« sollte jedem vor Augen führen, dass es auf der Ebene der internationalen Beziehungen nicht um einen liebevollen Umgang miteinander geht, so wie in den Aussagen von Pleitgen der Eindruck entsteht, sondern um knallharte Politik. Alleine schon die Formulierung »internationalen Einsatz« ist ein Euphemismus. Was soll das sein? Wovon spricht Pleitgen? Der Weigerung Deutschlands, sich an einem Angriffskrieg gegen den Irak zu beteiligen? Die Weigerung Deutschlands etwa in ein Abu-Ghuraib »zu stolpern«? Anders gesagt: Die Formulierung »internationaler Einsatz« camoufliert die Verbrechen, die auf das Konto der vermeintlich »Guten« (also des Westens) gehen. Auch die Formulierung »der Ukraine enorm geholfen haben« müsste bei einem kritisch ausgerichteten Moderator sofort dazu führen nachzuhaken, denn eine der Fragen dieses Kriegsgeschehens ist es, ob der Ukraine wirklich geholfen oder ob die Ukraine instrumentalisiert wird. Außerdem: Viel zu viele ukrainische Soldaten (und russische) sind bei dem Krieg bisher ums Leben gekommen. Von einer »Hilfe« zu sprechen, entbehrt im Hinblick auf friedenspolitische Erkenntnisse und Standpunkte jeder Grundlage. Interessant ist zum Schluss der Ausführungen Pleitgens, wie »fragmentiert« diese sind, wie schwer es ihm offensichtlich fällt, seine Gedanken sauber, geschliffen zu formulieren. Als Interpretationsansatz bietet sich an, dass er sehr wohl um die Verhältnisse weiß, er aber darum bemüht ist zu beschönigen – und das bereitet Schwierigkeiten.

**Markus Lanz:** [unterbricht Pleitgen] Spüren Sie diese Enttäuschung? Sie sind ja viel international unterwegs.

**Anmerkung:** An dieser Stelle wird sehr deutlich, wie bemerkenswert kritiklos Lanz gegenüber denjenigen, die zum Ukraine-Krieg die »richtige« Position vertreten, agiert. Lanz greift das Märchen von der »Enttäuschung« als Frage auf und hebt den wichtigen inhaltlichen Kern, nämlich den der knallharten internationalen Machtpolitik und Geostrategie, auf die Gefühlsebene. Er möchte von Pleitgen wissen, was er fühlt, ob er die Enttäuschung spürt. Schließlich sei Pleitgen ja »viel international unterwegs«.

Eine schöne Formulierung. Was heißt denn: viel »international unterwegs« zu sein? Es gibt viele Leute, die aufgrund ihres Jobs »viel international unterwegs« sind. Oder meint Lanz das »Unterwegssein« gar nicht wörtlich? Meint er seine Aussage im Sinne von: international auf Ebene der großen Politik gut vernetzt? Also auch im Sinne eines privilegierten Zugangs zu Personen, die in außenpolitischen Angelegenheiten relevant sind?

Von dieser Interpretation ist auszugehen.

**Frederik Pleitgen:** Ich habe das gespürt in der Ukraine, wenn ich da mit den Leuten gesprochen habe, wenn ich auch mit den Soldaten von der Ukraine dort gesprochen hab, aber auch, äh, in der Vergangenheit, und jetzt auch in letzter Zeit auch von amerikanischen Stellen, war das auch zu spüren. Also ich meine die Amerikaner, mit denen ich gesprochen habe, viele haben mir gesagt: Pass auf, wir geben total viel Geld aus, um Deutschland zu beschützen. Es ist ja völlig klar, dass viel auch von der Stärke Deutschlands, von der wirtschaftlichen Stärke überhaupt gar nicht möglich wäre, wenn es nicht diese Schutzmacht USA geben würde. Und natürlich innerhalb der NATO, die das einfach garantiert. Und da hat man lange die Meinung vertreten, dass da ein bisschen zu wenig kommt. Da ist jetzt nun möglicherweise eine Kehrtwende eingetreten in der Regierung. Also was der Bundeskanzler gestern gesagt hat, ich glaube, es hat viele, auch was ich so intern ...

**Anmerkung:** Pleitgen präzisiert. Er spricht von ukrainischen Soldaten und von »amerikanischen Stellen«.

Auffallend die Kombination zwischen den Soldaten, also den »einfachen« Bürgern, und den »Stellen«, also dem Staat. Anders gesagt: Pleitgen zeichnet das Bild einer Einheit, die sich über das Verhalten Deutschlands wundert bzw. von Deutschland enttäuscht ist. Diese Beobachtungen Pleitgens, diese »Gefühle«, mögen stimmen oder auch nicht. Klar ist: Sie sind subjektiv. Andere Stimmen mit anderen Perspektiven kommen nicht vor. Lanz sollte nachfragen, *wen* Pleitgen konkret mit »Stellen« meint, *mit welchen* Akteuren (Namen) er *konkret* gesprochen hat – um für den Zuschauer eine Einordnung im Hinblick auf deren Hintergründe vornehmen zu können.

Die anderen Aussagen verdeutlichen, wie Pleitgen denkt. Ohne die »*Schutzmacht* USA« wäre Deutschland heute nicht wirtschaftlich dort, wo das Land ist. Und er glaubt, dass die NATO Deutschlands Sicherheit garantiert. Dass bei einem offeneren Umgang mit Russland und der Bereitschaft, die ausgestreckte Hand Putins anzunehmen – man denke an Putins Rede im Bundestag –, vielfältige friedliche, kulturelle und wirtschaftliche Beziehungen zu Russland möglich gewesen wären, kommt in der Betrachtung Pleitgens nicht vor.

**Markus Lanz:** [fällt Pleitgen ins Wort] Der Botschafter spricht, also Herr Melnyk, von einer Zeitenwende für die Ukraine.

**Anmerkung:** »Zeitenwende« – ein Begriff wie aus dem Lehrbuch der Produktionswerkstätten im Dienste der Geostrategie.

**Frederik Pleitgen:** [fällt Lanz ins Wort] Ich ... Von einer Zeitenwende ... Ich glaube, was ganz, ganz wichtig ist, was die USA auch bezwecken wollten: Der Joe Biden hat ja auch einen Artikel in der New York Times geschrieben. Da hat er auch gesagt, was die USA bereit ist zu tun und was sie nicht bereit ist zu tun. Und viel davon habe ich auch in der Rede vom Bundeskanzler dann wieder gefordert.

**Anmerkung:** Joe Biden hat einen Artikel geschrieben? Einfach gesagt: Ja, vielleicht hat er das. Zumindest steht sein Namen über dem Artikel. Gewiss: Es ist eine banale Erkenntnis, dass Politiker ihre Leute haben, die solche Beiträge verfassen. Nur: Wenn man Pleitgen zuhört, entsteht der Eindruck, dass die Dimension doch eine banale Erkenntnis ist: Ein Präsident, ein Bundeskanzler usw. haben eben »Leute«, die solche Texte für sie verfassen – was ja auch nachvollziehbar und legitim sei. Das stimmt. Allerdings: Im Hinblick auf das Gesamtverhalten von Pleitgen in der Sendung ist es sinnvoll, an dieser Stelle das »banale Wissen«, wonach eben Biden und Co. ihre Schreiber haben, die Texte für sie verfassen, auszusprechen (mit all dem, was das bedeutet). Warum? Pleitgen – wie wir noch sehen werden – bewegt sich mit seinen Aussagen in der Sendung immer wieder nur auf der »Vorderbühne«. Hochkomplexen, geostrategischen Zusammenhängen begegnet er mit einfachen Realitätsvorstellungen. Artikel dieser Art hat jeder Journalist auch im Hinblick auf propagandistische Elemente und Intentionen abzuklopfen. Pleitgen trägt an dieser Stelle erkennbar mit dem vollen Glauben vor, dass hier der Präsident »spricht« (wie gesagt: steht ja sein Name drüber) ohne die geringsten Einordnungen im Hinblick auf geostrategische Interessen und Machtpolitik der Falken in den USA. Die Eindimensionalität in der Auseinandersetzung mit dem geostrategischen »Player USA« prägt Pleitgens Einlassungen in der Sendung.

**Markus Lanz:** Er hat sich auch darauf bezogen, ja?

**Anmerkung:** Lanz fragt weiter im Sinne des aufgezogenen (gefälligen) Narrativs.

**Frederik Pleitgen:** Und eine Sache ist im Moment ganz wichtig für die USA, und das sind Langstrecken-Artilleriesysteme. Und da, was man so hört, ist in der Bundesregierung ja auch, ähm, jetzt zumindest, wird darüber geredet, ob man nicht auch welche gibt. Und das ist sehr, sehr wichtig, weil das genau das ist, was die Ukraine jetzt vor allem im Donbass braucht, und zwar schnell braucht. Die USA werden die Führung übernehmen, aber man erwartet da von Deutschen auch was da, dass da was kommt, und man scheint sich ja in der Bundesregierung schon da auch in diese Richtung zu bewegen. Und das könnte wirklich sehr, sehr wichtig werden, auch für das Ansehen Deutschlands jetzt in diesem gesamten Verbund gegenüber unseren Verbündeten im Osten, der NATO und der NATO-Ostflanke und den USA auch.

**Anmerkung:** Langstreckenraketen – »Und das ist sehr, sehr wichtig, weil das genau das ist, was die Ukraine jetzt vor allem im Donbass braucht, und zwar schnell braucht«, sagt Pleitgen. Man könnte meinen, der Botschafter der Ukraine würde sprechen.

Dann verniedlicht Pleitgen erneut. Hier durch den Begriff »Führung«. Gewiss: Man kann das Verhalten der USA als »Führung« bezeichnen. Sollte aber ein kritischer Journalist besser nicht tun. Stichwort: Stellvertreterkrieg.[3] Die USA als ein aus geostrategischen Gründen handelnder Akteur kommen in den Worten Pleitgens nicht vor. Stattdessen auf der konnotativen Ebene: die USA als edle Helfer, die »Führung« übernehmen.

Pleitgen spricht folgend von dem »Ansehen Deutschlands« gegenüber der NATO. Was ist das denn für ein »Ansehen«? Als Moderator sollte kritisch nachgefasst werden. Das Ansehen wird gesteigert, wenn Deutschland bereit ist, sich in einen tiefenpolitischen Konflikt zwischen den USA und Russland ziehen zu lassen?

**Markus Lanz:** Okay: Weil Sie gerade Langstreckenraketen-Systeme …

**Frederik Pleitgen:** [unterbricht Lanz] Langstreckenartillerie, Mehrfachartillerie, Raketensysteme, ja dann zwölf Raketen kann der dann schießen und, und, und das ist jetzt im Moment ganz wichtig, weil das genau das ist, was im Donbass gerade passiert. Da stellen sich Russen hin und schießen solche ungelenken Raketen auf die Ukraine. Und die Ukrainer können halt nicht antworten. Der einzige Weg, wenn man jeden Experten fragt, wie man gegen so eine Artillerie ankommen kann, vor allem wenn man weniger bewaffnet ist, als der Gegner ist, ist, indem man weiter schießen kann, genauer schießen kann und härter schießen kann. Und das sind die Systeme, die USA zur Verfügung stellen und Deutschland wahrscheinlich auch.

**Anmerkung:** Aus Sicht der Friedenspolitik sind die angeführten Aussagen unhaltbar. Man könnte meinen, Pleitgen wären friedenspolitische Einsichten, die in vielen Jahrzehnten aus der Beobachtung perverser Kriege (auch Stellvertreterkriege) gewonnen werden konnten, gänzlich unbekannt. Pleitgen rollt hier die Logik der Gewalt aus. Folgt man ihr, gilt es am Ende zu sagen: Wenn ein Gegner eine Atombombe abwirft, müssen »wir« zwei abwerfen, wenn der Gegner zwei Atomraketen abfeuert, dann antworten »wir« mit fünf. Und wenn er zu zehn Raketen greift, dann greifen wir zu 100. Willkommen in der nuklearen Endzeit.

Nun sagt Pleitgen zwar nichts in Sachen Atomkrieg, aber in der Zuspitzung läuft die von Pleitgen veranschlagte Logik auf das beschriebene Szenario hinaus. »Weiter schießen«, »genauer schießen«, »härter schießen«, sprich: stärker sein als der Gegner. Welch ein Wahnsinn! Einstellungen dieser Art befeuern die Eskalation des Krieges. Reziproke Gewalt als Ausweg aus der Gewaltspirale. Das kann, gewiss, in letzter Konsequenz funktionieren: wenn eine Seite Oberhand gewinnt und tatsächlich so viel stärker ist, dass sie die andere »besiegen« kann. Solche Kämpfe, Kriege sind furchtbar blutig, brutal und am Ende steht eine unfassbare Zahl an Opfern (auf beiden Seiten). Und von »Siegen« sollte man bei all den zu erwarten Opferzahlen ohnehin nicht sprechen. Hinzu kommt: Wie realistisch ist es überhaupt, die Ukraine immer weiter zu bewaffnen, damit diese Russland ... ja was eigentlich? Besiegen kann? Russland von der Krim zurückdrängen kann? Eine Atommacht?

**Markus Lanz:** Und. Okay, und dazu eine Nachfrage: Ist Ihnen nicht mulmig irgendwann, wenn Sie dann mitkriegen, wie dann so Feinheiten plötzlich diskutiert werden? Wie in den USA zum Beispiel man sich darüber Gedanken macht: Okay, diese Raketen können vielleicht 70 Kilometer weit, also wir liefern Munition, die vielleicht 70 Kilometer weit fliegt, aber bloß nicht weiter, weil dann wären die Ukrainer plötzlich in der Lage, auch russisches Staatsgebiet zu erreichen. Und wenn ich so was so höre aus der Ferne und denke, okay, wir reden jetzt darüber, ob ein Geschoss 70 oder vielleicht 120 Kilometer fliegt und diese 50 Kilometer dazwischen machen im Zweifel einen gigantischen Unterschied. Die könnten eine absolute Katastrophe auslösen. Wird Ihnen da nicht mulmig, wenn Sie so was hören?

**Anmerkung:** Endlich kommt eine halbwegs kritische Anmerkung von Lanz. Aber im Hinblick auf das Gesagte dennoch unzureichend.

**Frederik Pleitgen:** Da kann einem mulmig werden. Aber ich glaube, man, man sieht gerade bei den USA, ähm, eine etwas andere Herangehensweise als zum Beispiel die Kommunikation, die wir in den letzten Monaten, Wochen, Monaten auch vom Bundeskanzler und von anderen Stellen ... Ja, da war ja oft die Rede von: Wir wollen nicht in einen Dritten Weltkrieg hineinschlittern.

**Markus Lanz:** Ja.

**Frederik Pleitgen:** Wir wollen uns da zurückhalten. In den USA ist es halt so, dass dort und übrigens in England auch im Vereinigten Königreich, die setzen mit die besten Leute, die sie haben, dran und die überlegen sich: Wie können wir der Ukraine am effektivsten helfen, ohne dabei in so eine Situation reinzukommen?

**Anmerkung:** Wir sind nicht in Pleitgens Kopf. Wir wissen nicht, was er glaubt. Vielleicht glaubt er das, was er sagt. Vielleicht glaubt er, dass die USA und Großbritannien die »besten Leute« dransetzen. Und vielleicht, oder sogar: Wahrscheinlich stimmt das ja auch. Aber was heißt denn: die besten Leute dransetzen? Wer sind diese »besten« Leute? Was ist denn Aufgabe dieser »besten Leute«? Dafür zu sorgen, dass es nicht zu einem Dritten Weltkrieg kommt? Oder worum geht es? Wie sieht es denn mit Tiefenpolitik aus? Aber vor allem auch: Lassen sich die Eigendynamiken eines solchen Krieges überhaupt »kontrollieren«? Was ist, wenn es, wie schon einmal, zu einem Systemfehler kommt und eine Seite davon ausgeht, dass die andere sie mit Atomwaffen angreift?[4]

Wäre es zu viel verlangt, dass das Handeln der NATO-Staaten von einem hocherfahrenen Journalisten wie Pleitgen bei einem Auftritt im Öffentlich-Rechtlichen so kritisch analysiert wird, wie es angebracht ist?

**Markus Lanz:** Ohne da reinzuschlittern. Und ohne die entscheidenden Kilometer zu weit zu schießen zum Beispiel.

**Frederik Pleitgen:** [fällt Lanz ins Wort] Und da hat der ... Genau. Da hat der Biden ja gesagt, diese richtigen Langstreckenraketen, die dann 300 Kilometer weit schießen können ...

**Markus Lanz:** [fällt Pleitgen ins Wort] Zum Beispiel.

**Frederik Pleitgen:** Das, das wird nicht passieren, weil die halt Angst haben, dass so was dann möglicherweise gegen so eine Stadt wie Kursk gerichtet werden könnte, oder, oder Belgorod oder dergleichen. Dass da dann eine amerikanische Rakete einschlägt, das ist natürlich dann schon, ähm, könnten sie etwas Gefährliches auslösen. Aber klar, es ist natürlich, man einem wird dabei teilweise mulmig, weil **wir** (Anmerk.: Hervorhebung Verlag) natürlich auch jetzt in einem Territorium sind, in dem **wir** (Anmerk.: Hervorhebung Verlag) eigentlich noch nicht waren. Also es ist ja, es gibt ja keine Regeln dafür. Man weiß ja nicht, was Wladimir Putin sagt, wenn, wenn diese Dinger wirklich an der Front irgendwann auftauchen, ne, das der kann sich ja jederzeit entscheiden zu sagen ich Deutschland ist jetzt Kriegspartei, falls diese Dinger geliefert …

**Anmerkung:** Es fällt schwer, an dieser Stelle in die Analyse zu gehen. Die Aussagen sind so »wirr«, so fragmentiert, so viele Gedanken, die »unrund« zusammenlaufen. Interessant ist aber, dass Pleitgen in der ersten Person Plural (»wir«) spricht. Das ist an dieser Stelle meines Erachtens eine sehr verräterische Formulierung. Pleitgen, so die Interpretation, spricht von »wir«, also wohl von der NATO/dem Westen, und schließt sich letztlich in dieser Formulierung mit ein. Was in nahezu allen Aussagen Pleitgens bisher in der Sendung deutlich wird, kommt noch einmal verstärkt durch das Wörtchen »wir« zum Vorschein: Es fehlt Pleitgen die kritische Distanz zum Objekt der Analyse.

**Markus Lanz:** Frau Amiri, als jemand, der auch in vielen Krisengebieten der Welt schon unterwegs war, immer wieder Afghanistan, reden wir auch gleich noch drüber. Wie geht es Ihnen, wenn Sie das hören?

**Natalie Amiri:** Mir ist enorm mulmig, dass die ganze Bundesrepublik über Waffen spricht und überhaupt nicht mehr über die Metaebene. Also wieso sind wir in diese Krise gekommen? Wir sprechen überhaupt nicht über Krisenprävention. Wie können wir eine bessere Außenpolitik machen? Ich sehe auf der gesamten Welt bin ich immer in Ländern unterwegs, wo wir falsche Außenpolitik betrieben haben. Ich habe gerade einen Beitrag anmoderiert über zwei Soldaten, die im Bosnienkrieg auf gegenüberliegender Seite gegeneinander gekämpft haben und die gesagt haben: Wieso haben wir das gemacht? Das war so ein Fehler. Wir hätten mehr sprechen sollen. Also ich, ich frage mich, ob wir nicht Zeitenwende auch denken sollten in überhaupt Außenpolitik, dass wir eine neue Politik machen, dass wir Krisenprävention machen und nicht nur immer die Krisen irgendwie bewältigen. Denn in diesen Krisen verschleudern wir unsere Zeit und unsere Ressourcen. Und ich meine, wir haben nur tragische Schicksale. Also diese Metaebene kann bei der ganzen Diskussion viel zu kurz ist.

**Anmerkung:** Amiri übernimmt die Aufgabe, der Lanz als Moderator hätte nachkommen müssen. Sie perspektiviert, bricht das Narrativ etwas auf, nimmt den Perspektivenwechsel vor.

**Markus Lanz:** Ist das auch Ihr Ansatz, Frau Guérot?

**Anmerkung:** Nun kommt Guérot ins Spiel. Die Frage, die Lanz stellt, ist offen. So weit: gut.

**Ulrike Guérot:** Ja, also ich würde das, danke schön, erst einmal tatsächlich unterstützen wollen. Mir wird auch mulmig, wenn ich das höre. Also mir wird sowieso mulmig, dass wir in meiner Wahrnehmung in den ersten Monaten, drei Monaten, eigentlich eine sehr eng geführte Debatte hatten, die ungefähr lautete: Nur der militärische Sieg ist der gute, und das muss mit mehr Waffen geschehen. Und was anderes ist als Lösung gar nicht mehr darstellbar, ja? Und da habe ich mich schon gefragt und es ging ja auch sehr schnell. Wir haben ja auch sehr schnell die 100 Milliarden mobilisiert usw. Es ging sozusagen zack, zack, zack. Und irgendwann war das so der Diskurs, dass eigentlich nur die militärische Lösung, hat Herr Borrell von der EU ja auch gesagt, es muss im Schlachtfeld entschieden werden und da bin ich eigentlich schon ausgestiegen, weil ich gar nicht weiß, welcher Krieg in den letzten Jahren oder Jahrzehnten irgendwie mal militärisch entschieden wurde. Dann würde ich gerne anführen, das geht auch ein bisschen in Ihre Richtung, dass es mir zumindestens so vorkommt, als wenn sich erstens die Debatte längst gedreht hat, also in den USA seit zwei Wochen, mindestens seit dem Artikel in der New York Times, seitdem das Wall Street Journal auch schreibt: Wir müssen mal eine realistische Einschätzung der ukrainischen Truppen am Frontverlauf haben, seitdem eigentlich alle deutschen Generäle, ganz egal ob Herr Kujat oder Erich Vad (...) oder Michael von Schulenburg, der bei der NATO gearbeitet hat, seitdem die alle sagen, dieser Krieg ist nicht zu gewinnen, das heißt, jeder weitere Stellungskrieg führt notwendigerweise zu ukrainischen Verlusten. Und deswegen kommt ja von ganz anderer

Seite längst schon das große Plädoyer nach Waffenstillstand und nach Verhandlungen. Wir haben Ärzte für internationale Atomkraft, die das jetzt gefordert haben, gegen internationalen Atomkrieg, werden den italienischen Außenminister am 18. Mai mit einem Vorstoß: erst Waffenstillstand, dann Verhandlungen. Wir haben einen Kissinger in Davos, wir haben verschiedene wirklich wichtige Leute, die das jetzt in die Debatte bringen. Und ich habe das Gefühl, dass eigentlich die ganze Welt schon ihre Diskussion dreht ...

**Anmerkung:** Wichtige, klare Aussagen von Guérot. Der Perspektivenwechsel ist vollzogen. Darauf ließe sich konstruktiv aufbauen. Aber ... Sie darf zunächst relativ lange, ungestört ausführen. Aber das ist das einzige Mal in der gesamten Sendung.

**Markus Lanz:** [fällt Guérot ins Wort] Ja.

**Ulrike Guérot:** ... und übrigens auch die ganzen BRICS-Staaten ...

**Markus Lanz:** [fällt Guérot ins Wort] Und wie ...

**Ulrike Guérot:** ... und nur wir in Deutschland immer noch bei schwerem Gerät sind und die Ukraine muss das sozusagen militärisch finanzieren.

**Marie-Agnes Strack-Zimmermann:** [fällt Guérot ins Wort] ... und die Ukraine ...

**Anmerkung:** In kurzer Zeit drei Unterbrechungen. Das ist an und für sich erst mal noch kein großes Problem. Unterbrechungen können durchaus auch eine Diskussion beleben. Nur: So geht es weiter und die Unterbrechungen dienen in ihrer Gesamtheit nicht einem konstruktiven Gesprächsverlauf. Im Gegenteil: Sie sind destruktiv, erlauben es Guérot im weiteren Verlauf der Sendung nicht, ihre Gedanken sauber auszuführen, zu untermauern.

**Ulrike Guérot:** Genau. Und deswegen wäre ich auch sehr dankbar, wenn wir mal von der taktischen auf die strategische Ebene kommen und mal diskutieren könnten: Was ist denn eigentlich das Ziel? Also was wäre denn überhaupt sozusagen auch das geostrategische Ziel hinter dem militärischen Sieg? Was wollen wir denn da eigentlich? Und was ist eigentlich da drin an europäischen Interessen, die wir hier vertreten?

**Anmerkung:** »Geostrategisches Ziel«, was steht hinter dem »militärischen Sieg«? Was wollen »wir«? Und wie sieht es mit den »europäischen Interessen« in diesem Krieg aus?

In wenigen Sätzen hat Guérot zentrale Elemente, die für die ganze Debatte über den Krieg notwendig sind, angesprochen.

**Markus Lanz:** Okay, und wie macht man das dann? Sagt man Putin einfach: Pass auf, wir machen das jetzt so, und dann macht er das schon. Also wie geht das?

**Anmerkung**: Inhaltlich sind die Fragen, die Lanz stellt, in Ordnung. Allerdings: Hier ist die Art und Weise, wie Lanz diese Fragen stellt, von Bedeutung. Er fragt in einem flapsigen Tonfall. Die Art der Fragestellungen wertet die Aussagen von Guérot implizit ab. Der Eindruck entsteht, dass Guérot an der Realität vorbeiredet und Lanz ihr durch die mit Despektierlichkeit gewürzten Fragen entgegentritt.

**Ulrike Guérot:** Ja also, wie geht das? Ich hätte mal den Vorschlag zu machen, dass einer der Schlüssel natürlich, also die Frage ist ja: Welche, über welchen Krieg sprechen wir? Ja, über den russischen Angriffskrieg in der Ukraine, ja?

**Anmerkung:** Das ist bisher die interessanteste Stelle in dem Gespräch. Guérot ist gerade dabei, auf die Frage von Lanz einzugehen. Dann kommt es zu einer Art »gedanklichem Sprung«. Sie wechselt von der Beantwortung der Frage zu einer Frage, die sie selbst stellt. Das könnte zunächst eher unangenehm auffallen, weil mal als Zuschauer erwartet, dass Guérot die ja nicht unwichtige Frage von Lanz beantworten sollte. Wer sich in das Gespräch reinversetzt, wer in die Antwort hört, kann leicht erkennen, dass die von Guérot neu formulierten Fragen keinesfalls ein »Weglenken« von der Lanz-Frage ist. Aus analytischer Sicht macht sie etwas sehr Wertvolles: Sie führt erst einmal an, dass es mehrere

Kriege im Hinblick auf die Ukraine gibt. Denn diese Erkenntnis ist notwendig, um eine saubere Antwort auf die Frage von Lanz zu finden.

**Markus Lanz:** [fällt Guérot ins Wort] Gibt es verschiedene Kriege für Sie?

**Anmerkung:** Diese Frage ist meines Erachtens eine Art Bankrotterklärung des Moderators. Erstens sollte er wissen, dass es »verschiedene Kriege« in diesem Fall gibt, und vor allem: Ihm sollte klar sein, dass es nicht nur für Guérot verschiedene Kriege gibt, sondern für jeden, der analytisch, unvoreingenommen auf diese Kriegssituation blickt. Hinzu wird durch die Frage der Glaubwürdigkeitsstatus von Guérot weiter abgegraben. Aus der Formulierung »für Sie« kann beim Zuschauer der Eindruck entstehen, dass Guérot in einer »eigenen Welt« lebt und eine Ansicht vertritt, die mit der Realität nicht übereinstimmt.

**Ulrike Guérot:** Ich würde mal sagen, es gibt mindestens vier Kriege, ja? Also wenn wir ...

**Markus Lanz:** [fällt Guérot ins Wort] In dem Zusammenhang?

**Ulrike Guérot:** In dem Zusammenhang. Also wir haben den russischen Angriffskrieg. (...) Wir hatten vorher und haben immer noch einen ukrainischen Bürgerkrieg. Wir haben mindestens mal einen Informationskrieg, wir haben einen Proxykrieg. Dieser Proxykrieg ist irgendwo eine Amerika-China-Auseinandersetzung und wir haben, das wird zumindest in der globalen Presse so gesehen, längst einen Stellvertreterkrieg USA–Russland oder eben NATO–Russland.

**Markus Lanz:** [fällt Guérot ins Wort] Ist das der Grund, warum Sie sagen, der Schlüssel zu diesem Konflikt, nennen Sie es, liegt in Amerika?

**Ulrike Guérot:** Ja, das sage nicht nur ich, das sagt Herr Mearsheimer zum Beispiel, einer der wichtigsten amerikanischen Konservativen übrigens, Strategen ja, die das seit 2008 sagt, seitdem ja das auch beschlossen wurde auf dem NATO-Gipfel in Bukarest, dass die Ukraine in die EU muss, das heißt alle, auch Dmitri Trenin, Fiona Hill, alle, die dann Brookings sitzen, sagen eigentlich seit Jahren, dass die Ukraine der Zankapfel ist, ja, und deswegen liegt natürlich der Schlüssel, um dieses Problem zu lösen, in Amerika, das heißt, das, worauf es hinauslaufen sollte, ist entweder, wir machen das hier auf taktischem äh, die Ukraine muss das militärisch gewinnen, oder aber wir gehen in Waffenstillstand und dann in Verhandlungen ...

**Markus Lanz:** [unterbricht Guérot] Was heißt denn Waffenstillstand in dem Zusammenhang, Frau Guérot? Erklären Sie das einmal bitte.

**Anmerkungen:** Lanz unterbricht Guérot immer wieder. Destruktivität kommt zum Vorschein. Die Formulierung »erklären Sie das einmal bitte« entfaltet einen aggressiven Moment.

**Ulrike Guérot:** Und dann muss, und das muss. Ja, und dann würde es heißen, dass der Schlüssel in Amerika liegt. Warum? Weil es doch Putin zentral darum geht, Sicherheitsgarantien zu bekommen. Und deswegen liegt der Verhandlungsschlüssel bei Biden. Deswegen muss das Gespräch zwischen Biden und Putin irgendwann stattfinden und ich glaube, wenn es stattfindet, haben wir wirklich einen Schlüssel, um diesen Konflikt zu lösen.

**Markus Lanz:** Wer fängt an?

**Anmerkung**: Mit dieser Frage beginnen die Angriffe auf Guérot. Auch wenn es nicht explizit ausformuliert ist: Aus der Frage lässt sich förmlich raushören, dass Lanz im Grunde genommen weiß, was jetzt passieren wird: Strack-Zimmermann und Pleitgen werden Guérot angreifen. Dass Guérot Widerrede erfährt, dagegen spricht nichts, ließe sich, naiv betrachtet, als Qualitätsmerkmal der Sendung hervorheben, schließlich: unterschiedliche Meinungen, die aufeinandertreffen – so soll das im pluralistischen Sinne sein!

Wäre da nur nicht der Begriff »Fairness«, der sich dem Betrachter aufdrängt.

Was ist das für eine Diskussionsrunde, in der die Zusammensetzung der Gäste so ist, dass zwei Gäste gegen einen und der Moderator sich als ein »Dritter im Bunde« auch noch gegen den Gast stellt, der alleine seine Sicht vertreten muss? Und es ist noch schlimmer: Die harmlos klingende Frage »wer fängt an?« kann aufgrund des bisherigen Agierens und ihres Tonfalls regelrecht als Ermunterung in Richtung der anderen Gäste begriffen werden, gegen Guérot Stellung zu beziehen.

Das Schlimme ist: So läuft es nahezu immer, wenn – was ohnehin selten vorkommt – in einer der politischen Talksendungen des Öffentlich-Rechtlichen ein Gast sitzt, der eine vom vorherrschenden Narrativ abweichende Meinung vertritt. Wenn ein Meinungsabweichler eingeladen ist, dient er ohnehin in aller Regel als »Pluralitätskasper«, als Feigenblatt, das bestimmt ist, Meinungspluralismus vorzutäuschen. Oft sind diese Personen dann auch noch eher rhetorisch schwächer, weniger geschliffen und abgezockt usw. als ihre Gegenüber. Und wenn doch mal ein Akteur rhetorisch, inhaltlich und in der Darstellung stark ist, dann ist die Zusammensetzung der Gäste so angelegt, dass der »starke Meinungsabweichler« alleine gegen alle anreden muss (selbst bei der Zusammensetzung des Publikums entsteht im Allgemeinen der Eindruck, dass es auf der »richtigen« Seite ist).

Guérot ist jedenfalls ein Gast, der in die letzte Kategorie zählt. Guérot ist rhetorisch »stark«. Sie kann reden. Sie sitzt inhaltlich fest im Sattel. Sie versteht es »aufzutreten«. Das macht sie gefährlich. Sie muss einfach »gebändigt« werden. Und das soll über eine unfaire, einseitige, unausgewogene Gästeauswahl laufen.

Die Schwierigkeit für Guérot, mit der sie konfrontiert wird, ist aber nicht nur das Kräfteverhältnis in der Sendung. Wahrscheinlich hat jeder der Leser schon einmal die Erfahrung gemacht, dass es mit zu den schwierigsten Diskussionssituationen gehört, wenn der Gegenüber kein Interesse an einer konstruktiven Diskussion hat. Wenn es also gar nicht um das Prinzip von Argument und

Gegenargument geht, sondern darum, Recht zu haben und das Gegenüber auf keinen Fall einen Punkt machen zu lassen. Hinzu kommt es dann bisweilen noch, dass die Diskutanten entweder tatsächlich eine völlig andere Realitätswahrnehmung haben (und auch nicht bereit sind, diese zu hinterfragen) oder aber aus taktischen Gründen ein anderes Realitätsbild in die Diskussion schieben, um so jedes Argument, jede Aussage, zu zersetzen. Auf dieser Ebene ist im Grunde gar keine Diskussion möglich. Wenn zwei Personen in einem Straßencafé im Sommer bei 30 Grad sitzen und Person A sagt: »Es ist sehr heiß!«, und Person B sagt: »Du irrst dich! Es kann gar nicht heiß sein, denn es ist Winter und überall ums herum liegt Schnee!«, dann kann keine sinnvolle Kommunikation mehr erfolgen.

Das ist eine Zuspitzung. Aber so ähnlich verhält es sich im Folgenden.

**Marie-Agnes Strack-Zimmermann:** Also ich würde gerne was dazu sagen, weil Sie in Ihren Ausführungen nicht ein Wort zur ukrainischen Bevölkerung gesagt haben. Und das finde ich befremdlich. Ähm, ich kann verstehen, dass man sagt, man muss ins Gespräch kommen, aber ich glaube, dass wir nur ins Gespräch kommen können, wenn der Gegenüber ins Gespräch kommen will. Und es gibt Wladimir Putin, der seit 2008 fortfolgende immer das Existenzrecht der Ukraine infrage gestellt hat, er hat letztes Jahr noch einen Aufsatz geschrieben, dass die Ukraine angeschlossen wird an Russland und die Grenzen und dass er die Grenzen nicht akzeptiert. Dann kam der massive militärische Aufbau und seit 24. Februar wissen wir, dass er einen mörderischen Krieg führt. Und wenn jetzt hier nur ein, eine Ukrainerin, ein Ukrainer säße, der würde sagen: Leute in Deutschland, was führt ihr hier für intellektuelle Ausführungen? Da sterben Menschen, Frauen, Massenvergewaltigungen, Kinderkliniken, Geburtskliniken, die gezielt angegriffen werden. Wir wissen von Kindern, die verschleppt werden, die in der, in Russland adoptiert werden, gewissermaßen Familien zugeführt, damit sie nie wissen, dass sie eigentlich in der Ukraine geboren worden sind. Ähm, das ist so mörderisch, was sich da abspielt, und wir diskutieren von Alpha- oder Beta- oder Metaebenen. Und da kann ich nur sagen, die Diskussion kann man nur führen, wenn der Gegenüber bereit wäre, auf der Ebene zu diskutieren. Das will er gar nicht. Er will diese, man muss ...

**Anmerkung:** Jetzt geht es los. Strack-Zimmermann wirft Guérot vor, dass sie in ihren Ausführungen »nicht ein Wort zur ukrainischen Bevölkerung gesagt« habe.

Strack-Zimmermann startet sofort mit einem Vorwurf oder genauer: einem Angriff. Der Angriff ist im Grunde einfach angelegt, leicht zu durchschauen. Aber wenn man annehmen kann, dass hier ein Moderator sitzt, der bei einem derart angelegten Angriff in dieser Situation nicht einhaken wird, ist diese Attacke leicht durchgeführt. Mit dem Angriff drängt Strack-Zimmermann Guérot in eine moralisch fragwürdige Ecke. Guérot erscheint als Person, der das Leid der Ukrainer egal ist. Natürlich ist das ein billiger Schachzug. In jeder Diskussion um den Krieg lässt sich jedem, der nicht zuvor eine Stunde über das Leid der einen oder anderen Seite vorgetragen hat, mangelnde Empathie vorwerfen. Es handelt sich um sogenanntes »emotional nudging«, »emotionale Nötigung«.

Es verhält sich so ähnlich wie mit der Praxis, dass jeder, der die Rolle des Westens in einem Leitmedium kritisch beleuchtet, zunächst darauf hinweisen muss, dass es sich um einen »zu verurteilenden russischen Angriffskrieg« handelt usw.

Ja – das wissen alle. Und trotzdem »muss« man eine Formulierung dieser Art vor den eigenen kritischen Ausführungen verwenden, um genau dem sich dann anschließenden (oft taktischen) Vorwurf, sollte solch eine Formulierung unterlassen werden, nicht ausgesetzt zu sein. Guérot hat mit keinem Wort das Leiden der ukrainischen Bevölkerung kleingeredet.

Dass Guérot, bei all ihrer bekannten Empathiefähigkeit und ihrem Einsatz für den Frieden, kein Mitleid mit den Ukrainern hätte, ist absurd.

Um es abzukürzen: Dieser Angriff dient der Diskussionskontamination. Es lässt tief blicken, dass Strack-Zimmermann auf diese Weise in die Diskussion einsteigt.

Die FDP-Frau zeichnet hier ein eindimensionales Bild vom »bösen Putin« und einem Russland, das offensichtlich aus »bösen Motiven« – die genauen Gründe werden nicht einmal angeführt – den Krieg gegen die Ukraine eröffnet hat – die Rolle des Westens, Akteure, Motive, Interessen, Tiefenpolitik usw. kommen in diesen Ausführungen nicht vor. Stattdessen: Schlagwörter mit emotionalisierendem Charakter. »... Frauen, Massenvergewaltigungen, Kinderkliniken, Geburtskliniken, die gezielt angegriffen werden« und noch »sterbende Menschen«.

Ja, Frau Strack-Zimmermann: Das ist Krieg. Furchtbar. Und deshalb sagen Guérot und alle anderen, die wollen, dass die Massaker, das Morden, der Wahnsinn des Krieges aufhört: »Waffen nieder!«

Aber noch etwas fällt auf: Strack-Zimmermann sagt: »... und wir diskutieren von Alpha- oder Beta- oder Metaebenen.«

»Metaebene« – den Begriff hat Amiri eingeführt, also diejenige in der Runde, die sich auch im weiteren Verlauf in Richtung Guérot neutral verhalten wird. Ohne dass Strack-Zimmermann Amiri namentlich nennt bzw. direkt anspricht, kritisiert sie doch die Perspektivierung Amiris. Anders gesagt: So wie Strack-Zimmermann hier redet, ist die Kritik an dem Begriff »Metaebene« auch als ein Angriff auf Amiri zu verstehen. Er wirkt wie eine Art verdeckte Drohung, dass auch Amiri, sollte sie noch einmal in eine unerwünschte politische Richtung sprechen, härter angegangen wird.

**Ulrike Guérot:** [fällt Strack-Zimmermann ins Wort] Woher wissen Sie das denn? Woher wissen Sie das denn? Also ich ...

**Anmerkung:** Guérot hinterfragt. Sehr gut. Sie hinterfragt die x-mal von Akteuren in Deutschland vorgetragene Sichtweise, dass Putin gar nicht verhandeln wolle. Das ist eine absurde Verdrehung der Realität. Der Krieg kostet Russland viel. Sehr viel. Russland kann gar kein Interesse daran haben, diesen Krieg unbedingt weiterzuführen und nicht zu verhandeln. Schließlich: Russland geht es in erster Linie um die eigenen Sicherheitsinteressen. Diese Interessen – und das ist aus russischer Sicht nachzuvollziehen – müssen aber eben auf eine Weise im Hinblick auf den Status der Ukraine und die Einmischung des Westens gewahrt sein, dass Russland aus sicherheitspolitischer Sicht beruhigt ist.

Was wäre, wenn Russland versuchen würde, tiefenpolitisch in Mexiko zu agieren? Wie würden die USA auf ihre (ebenfalls legitimen) Sicherheitsinteressen reagieren? Dazu braucht es keine Fantasie.

**Frederik Pleitgen:** [fällt Guérot ins Wort] Weil es versucht worden ist. Weil schon die USA, die USA haben nichts anderes ... Wenn Sie, wenn ich ...

**Anmerkung:** Null Kritik am Handeln der USA. *Was* haben die USA versucht? Denken wir an das geleakte Gespräch von Nuland (»Fuck the EU«). Zur Erinnerung ein Auszug aus einem Welt-Artikel:

*»Das Gespräch Nulands mit Pyatt macht deutlich, wie intensiv sich der Westen, vor allem aber die USA, mit den aktuellen Aufständen in der Ukraine befassen und was sie von den führenden Oppositionellen denken. ›Ich denke nicht, dass Klitsch in die Regierung eintreten sollte‹, sagt Nuland, und gemeint ist natürlich der vormalige Boxweltmeister Vitali Klitschko.«*[5]

Naiv gefragt: Was geht es die USA an, wer in der Ukraine in die Regierung eintreten sollte? Das ist nur ein Beispiel, anhand dessen sich ablesen lässt, wie massiv die USA in politische oder staatliche Angelegenheiten der Ukraine hineinregieren.

**Ulrike Guérot:** [fällt Pleitgen ins Wort] Weil es nicht, weil es ... Die USA haben bisher noch kein ... Nein, die USA haben bisher kein Angebot ...

**Frederik Pleitgen:** [fällt Guérot ins Wort] Die USA haben vor diesem Krieg alles versucht, um diesen Krieg zu verhindern. Und es gibt auch überhaupt gar kein Wenn oder Aber, dass das der Fall war. Joe Biden hat Wladimir Putin gesagt, als der Wladimir Putin die Truppen um die Ukraine zusammengezogen hat, ich weiß ganz genau, was du machen willst. Ich weiß genau, wann du was, wann du's machen willst. Ich weiß genau, was du machen willst.

**Anmerkung:** Es gibt also kein »Wenn und Aber«? Und das lässt Lanz so durchgehen.

Wer solch eine Behauptung aufstellt, dass die USA »alles« versucht hätten, müsste diese Behauptung von alleine im Detail begründen. Das macht Pleitgen nicht. Und Lanz, der bei Guérot immer wieder nachhakt, unterlässt die kritische Nachfrage.

**Ulrike Guérot:** [fällt Pleitgen ins Wort] Genau. Das weiß ich auch.

**Anmerkung**: Guérot reagiert hier auf Punkte in Pleitgens »Vortrag« (zu Joe Biden), die völlig unstrittig sind. Das ist auch eine beliebte rhetorische Taktik. An einem kritischen Punkt in einer Diskussion auf eine Weise etwas vorzutragen, was überhaupt gar nicht strittig ist, aber implizit so zu tun, als sähe das der Gegenüber anders bzw. als wüsste er das nicht (womit er »dumm« dasteht).

**Frederik Pleitgen:** [fällt Guérot ins Wort] Darf ich kurz ausreden? Geht das? Danke. Hat er genau gesagt. Er hat ihm gesagt: Pass auf, mach es nicht. Es wird massive Konsequenzen haben. Hat dann andere mit an Bord gebracht, die internationale Gemeinschaft an Bord gebracht, die NATO an Bord. Wir haben alle gesagt, wird massive Sanktionen geben, und hat gleichzeitig aber auch gesagt: Wir werden Russland nicht angreifen, niemals angreifen. Dann haben die USA Gespräche mit Russland geführt, haben Russland Gespräche angeboten. Ich war bei diesen Gesprächen dabei. Sergej Lawrow und der amerikanische Außenminister haben sich in Genf getroffen. Die USA haben gesagt: Wir können über internationale Sicherheit sprechen, wir können über, über, äh, wie die NATO sich gibt [?] sprechen. Es gibt aber gewisse Sachen, von der die NATO nicht abrückt. Es gibt natürlich keine Zweiklassengesellschaft in der NATO. Es ist natürlich so, dass zum Beispiel die östlichen NATO-Staaten nicht anders behandelt werden als andere NATO-Staaten. Die USA haben in dieser Hinsicht alles versucht. Joe Biden hat gestern, ähm, in seinem Artikel, äh, geschrieben in der New York Times, dass er Putin nicht aus der Macht rausdrücken will. Er hat auch gesagt, dass er Verhandlungen befürwortet. Selenskyj, der Präsident von der Ukraine, hat gesagt, es wird Verhandlungen geben. Selenskyj hat gesagt, er glaubt nur, dass es eine Verhandlungslösung geben kann. Und Wolodymyr Selenskyj sagt Wladimir Putin auch immer: Ich treffe mich gerne jederzeit mit dir.

**Anmerkung**: Wieder ist Pleitgens Blick auf der Vorderbühne verhaftet. Ja, dass Biden zu Putin gesagt hat, er solle nicht in die Ukraine einmarschieren, ist völlig unstrittig. Das weiß jeder Nachrichtenkonsument. Inhaltlich ist das Gesagte quasi ohne Wert. Im weiteren Verlauf dieser Ausführungen nimmt Pleitgen wieder eine eindimensionale Perspektive ein. Tiefenpolitik, interessengeleitete Außenpolitik vonseiten der USA gibt es offensichtlich in Pleitgens Wahrnehmung nicht. Zumindest nicht an dieser Stelle. Aber warum? Pleitgen ist ein erfahrener Journalist. Und es darf ihm unterstellt werden, dass er ein intelligenter Mann ist. Wie kann also ein kluger Mensch, dessen professionelle Aufgabe es auch noch ist, politische Realität zu erfassen, so undifferenziert »argumentieren«?

Hinzu kommt: Wenn Pleitgen sagt, dass es aber »gewisse Sachen« gibt, »von der die NATO nicht« abrücke, dann wird deutlich, dass es eben einen massiven inhaltlichen Konflikt im Vorfeld gegeben hat, der Ursache für diesen Krieg ist. Es reicht doch nicht, dass eine Partei öffentlich sagt, sie sei zu Verhandlungen bereit, aber dann genau bei jenen Punkten, die für die andere Partei von Interesse sind, die Stein des Anstoßes sind, »zumacht« und sagt, diese seien nicht zu verhandeln. Auf die russischen Interessen wird nicht eingegangen.

**Markus Lanz:** [gleichzeitig mit Guérot] Vor drei Tagen haben Scholz ...

**Ulrike Guérot:** [gleichzeitig mit Lanz] Ich würde wirklich gerne auf zwei Leute auch reagieren dürfen, ja?

**Markus Lanz:** [fällt Guérot ins Wort] Trotzdem nur ganz kurz. Vor drei Tagen haben Schulz und Macron mit Putin telefoniert.

**Ulrike Guérot:** So, erst mal bin ich jetzt sehr froh, dass wir ...

**Markus Lanz:** [fällt Guérot ins Wort] Unmittelbar ... Nur ganz kurz. Unmittelbar vor Kriegsausbruch, vor dem 24. Februar, saß Olaf Scholz an diesem absurd langen Tisch diesem Mann gegenüber.

**Ulrike Guérot:** [fällt Guérot ins Wort] Ja, habe ich auch gesehen. Ja.

**Markus Lanz:** Ja, das meine ich ja. Aber das kann man doch nicht negieren.

**Ulrike Guérot:** [fällt Lanz ins Wort] Nein.

**Markus Lanz:** Da kann man doch nicht sagen, da war nicht der Versuch, mit Diplomatie irgendetwas zu erreichen.

**Anmerkung:** Erneut zeigt sich Lanz von einer Seite, die ich nur als »naiv« bezeichnen kann. Politische Realitäten sind oft komplexer, als es die Vorderbühne (man denke nur an die Iran-Contra-Affäre) bzw. hier: vordergründig sichtbare Verhandlungen sind.

Eine geradezu erschreckende Naivität ist an dieser Stelle bei Lanz zu erkennen. Manchmal entspricht das auf der Vorderbühne Sichtbare dem, was auf der Hinterbühne abläuft. Manchmal nicht. So viel Komplexität darf es auch im Öffentlich-Rechtlichen geben.

Auf diese Weise, wie Lanz es hier tut, aus »diplomatischen Schritten« eine absolute Realität abzuleiten, wird der Komplexität des Konfliktes zwischen Russland und den NATO-Staaten in Sachen Ukraine nicht gerecht.

**Ulrike Guérot:** So, erst mal würde ich jetzt auch gerne auf Frau Strack-Zimmermann antworten, die mit den schrecklichen Kriegsbildern argumentiert hat, und bin sehr froh, dass Sie jetzt auch auf die strategische Ebene gekommen sind und dass wir jetzt mal darüber geredet haben, wo ...

**Frederik Pleitgen:** [gleichzeitig mit Guérot] Wir sind schon die ganze Zeit auf der strategischen Ebene. Es ist ja nicht so, als würden wir jetzt alle wie Kinder diskutieren. Wir sind ja schon alle auf der strategischen Ebene.

**Anmerkung:** Wieder wird Guérot unterbrochen, kommt einfach nicht dazu, ihre Gedanken auszuführen, zu erklären.

Den Aussagen Pleitgens müsste man etwas entgegen. Doch was bisher gesagt wurde, ist weitestgehend so eindimensional, dass es einer Kindernachrichtensendung entnommen sein könnte (von den geschürten Emotionen in der Lanz-Sendung ganz zu schweigen).

**Ulrike Guérot:** [gleichzeitig mit Pleitgen] Eben waren Sie auf der taktischen ... Entschuldigung, eben waren Sie ... Jetzt darf ich ausreden, ja?

**Frederik Pleitgen:** [gleichzeitig mit Guérot] Ja, klar dürfen Sie das. Aber erzählen Sie mir doch nicht, dass ich nicht auf der strategischen Ebene bin.

**Ulrike Guérot:** Jetzt darf ich reden. Eben waren wir auf der taktischen Ebene bei Langstreckenraketen. Jetzt sind wir immerhin schon mal eine Ebene höher, nämlich bei strategischen Zielen, ja? Und das habe ich, äh, das finde ich ganz wichtig, ja, weil das ist, was Sie ...

**Anmerkung:** Mit den Unterbrechungen geht es weiter. Guérot wird immer wieder daran gehindert, sauber ihre Gedanken auszuformulieren. Sie soll einfach nicht sprechen. Mittlerweile entsteht der Eindruck, dass Guérot gerade *nicht* eingeladen wurde, um mit ihr zu reden und zu diskutieren, sondern: um sie öffentlich fertigzumachen.

**Marie-Agnes Strack-Zimmermann:** [fällt Guérot ins Wort] Wovon reden Sie denn? Da werden Leute abgeschlachtet. Von was reden wir hier eigentlich?

**Anmerkung:** Wie schon zu Beginn agiert Strack-Zimmermann mit einem Angriff, der auf die emotionale Ebene zielt (»emotional nudging«). Dass Menschen abgeschlachtet werden, ist allen klar, die verstehen, was »Krieg« bedeutet.

Zum zweiten Mal stellt Strack-Zimmermann durch diese Anmerkung Guérot in eine moralisch fragwürdige Ecke.

**Ulrike Guérot:** Wovon ich rede, ist, dass in einem Krieg immer Leute abgeschlachtet werden. Und ich bin diejenige, die ...

**Anmerkung:** Guérot kommt Strack-Zimmermann entgegen, macht explizit, dass ihr klar ist, dass Menschen abgeschlachtet werden. Und dennoch: Es hilft nichts!

**Marie-Agnes Strack-Zimmermann:** [fällt Guérot ins Wort] Es ist ja schon gut, dass Sie das wahrnehmen. Das ist ja schon mal gut.

**Anmerkung:** Wieder wird Guérot mit den Mitteln der Rhetorik abgewertet. Implizit wird der Eindruck weiter verstärkt, sie sei »wirklichkeitsentrückt«, sie habe Probleme, die Realität sinnvoll zu erfassen. Aber nun, immerhin, wenigstens das mit dem »Abschlachten« erkenne Guérot, so Strack-Zimmermann. Auch wenn, vermutlich, viele Zuschauer das Vorgehen der FDP-Politikerin durchschauen: Guérot sieht sich einem enormen Druck in der Sendung ausgesetzt. Lanz als Moderator hilft ihr nicht.

**Ulrike Guérot:** Und ich bin diejenige, die genau deswegen sagt, wie viele andere, dass wir einen Waffenstillstand brauchen, damit das Schlachten aufhört. Das will ich ja, dass wir das ...

**Marie-Agnes Strack-Zimmermann:** [fällt Guérot ins Wort] Und was passiert dann? Werden wir mal konkret.

**Anmerkung:** Aus dem bisherigen Gesamtverlauf und dem Kontext lässt sich der Schluss ziehen, dass die Frage nicht dazu dienen soll, Guérot Raum zur Erklärung zu geben. An der Beantwortung der Frage besteht gar kein Interesse.

**Frederik Pleitgen:** [gleichzeitig mit Strack-Zimmermann] Das ist es doch, das ist genau das, was jeder will.

**Anmerkung:** Nun äußert sich Pleitgen wieder, baut den Druck auf Guérot weiter auf.

**Ulrike Guérot:** Wenn Sie mir ständig ins Wort fallen, kann ich das wirklich nicht sagen? Ja, ich habe ...

**Anmerkung:** Guérot spricht das Offensichtliche an. Sie spürt, dass sie hier nicht zu Wort kommt (bzw., so die Interpretation, nicht zu Wort kommen soll).

**Marie-Agnes Strack-Zimmermann:** [fällt Guérot ins Wort] Kommen Sie mal auf den Punkt.

**Anmerkung**: Die Tonalität ist von Überheblichkeit geprägt. Ein oberlehrerhaftes Auftreten kommt zum Vorschein. Außerdem: Ständig wird Guérot unterbrochen. Und dann sagt Strack-Zimmermann ihr auch noch, sie möge auf den Punkt kommen.

**Ulrike Guérot:** Ich komme auf den Punkt, dass ich sage, dass dieser Konflikt beigelegt werden kann, wie es jetzt viele Vorschläge gibt mit einem Waffenstillstand und dann mit Verhandlungen. Und das zentrale Element dieser Verhandlung ist Neutralität. So und das ist der Punkt.

**Anmerkungen:** Nach einigem Hin- und Her kann Guérot endlich etwas Inhaltliches sagen. Sofort aber fällt ihr Strack-Zimmermann wieder ins Wort.

**Marie-Agnes Strack-Zimmermann:** [fällt Guérot ins Wort] Wieso Neutralität?

**Markus Lanz:** [gleichzeitig zu Strack-Zimmermann] Die Neutralität kann ja nicht sprechen.

**Anmerkung:** Der Sinn dieser Aussage von Lanz erschließt sich mir nicht. Deutlich wird erneut: Auch er richtet sich gegen Guérot aus.

**Frederik Pleitgen:** Neutralität, Neutralität. Das ist doch im Vorhinein vor diesem Krieg auch besprochen worden. Der Selenskyj hat doch ganz klar vor dem Krieg gesagt: Wir haben gemerkt, die Ukraine, dass die NATO uns nicht haben will. Und damit hat er gesagt, dass die zumindest mittelfristig nicht in die NATO reinkommen werden. Das ist mit der Neutralität, das sind doch alles Sachen, wo die Ukrainer auch bereit waren, über diese Sachen zu reden. Das Problem war doch, dass Russland das nicht wollte. [Zwischenrufe]

**Anmerkung:** Und schon wieder bezieht sich Pleitgen nur auf die Vorderbühne. Biden hat gesagt … Selenskyj hat gesagt …

**Markus Lanz:** Ich habe ein ganz anderes Problem.

**Frederik Pleitgen:** Ich meine, man muss sich mal vorstellen mit Wladimir Putin, ja? Der hat jahrelang dieses Projekt Nord Stream 2 finanziert, Milliarden da reingesteckt und er hat dieses Projekt einfach mal so, als es alles schon genehmigt war, und der Biden hat, der hat ja auch versucht das Ganze zu deeskalieren, hat die Sanktionen, die die Trump-Administration gegen Nord Stream 2 gemacht hat, zurückgenommen, damit dieses Projekt stattfinden kann. Und der hat das einfach beiseitegeschoben, weil dieser Krieg stattfinden soll. Ich habe und ich meine, das ist, dann, dann zu sagen, die Amerikaner wollten nicht verhandeln oder wollen nicht verhandeln, genau das Gegenteil ist der Fall. Und genau das Gegenteil war im Vorlauf zu diesem Krieg der Fall. Die Ukrainer haben keine Generalmobilmachung vor dem Krieg. Sie, weil sie die Lage nicht eskalieren wollten, weil sie Russland nicht, nicht anfassen wollen, weil sie …

**Anmerkung:** Putin hat Nord Stream 2 »einfach mal so«… wie bitte? Putin ist verantwortlich für das Ende von Nord Stream 2? Wie passt dazu die Aussage von Biden, der auf die Frage, was mit Nord Stream 2 bei einer militärischen Auseinandersetzung zwischen der Ukraine und Russland passiert, Folgendes sagte: »Wir werden dem ein Ende setzen [Nordstream 2].«[6]?

Dann die restlichen Ausführungen von Pleitgen. Immer wieder ist die Zeichnung einer eindimensionalen Wirklichkeit zu erkennen. Die USA als handelnder geostrategischer Player kommen noch immer nicht in den Ausführungen Pleitgens vor. Folgt man dem Journalisten, ist dieser Krieg wohl einzig aus einem Akt Putinscher Selbstzeugung entstanden.

**Ulrike Guérot:** [unterbricht Pleitgen] Wir reden von 2008, 2014 Maidan, Bürgerkrieg, Ukraine bis heute. Wir reden über ...

**Markus Lanz:** [fällt Guérot ins Wort] Das hilft uns ja heute nicht weiter, Frau Guérot. Genau das hilft heute nicht weiter. Nein, nein, nein.

**Anmerkung**: Lanz geht Guérot massiv an dieser Stelle an. Dabei ist genau die Vorgeschichte, die Guérot beleuchten möchte, elementar, um die Ursachen für den Krieg zu verstehen und damit eben auch eine realistische Lösung zur Beendigung des Krieges zu erarbeiten. Der Eindruck entsteht: Lanz möchte, dass sich einzig und allein immer wieder über Putin echauffiert wird, die Ungeheuerlichkeit des russischen Angriffs auf die Ukraine betont wird. Nur: Was soll das? Wozu führt das? Alle wissen das, was unzählige Male, gebetsmühlenartig, von Journalisten und Politikern wiederholt wird: Putin hat den Befehl zum Angriff auf die Ukraine gegeben. Ja, Kriegsverbrechen dürften passiert sein. Ja, die Verantwortlichen sollten vor den Internationalen Strafgerichtshof. Doch all das, selbst wenn es billionenmal gesagt wird, führt nicht zu einem Ende des Krieges. Man kann sich als Moderator oder als Journalist in einer reichweitenstarken Talkshow mit Feststellungen dieser Art vielleicht dem Gefühl der moralischen Überlegenheit hingeben (gut, dass »ich« es gesagt habe!), aber ukrainische und russische Soldaten sterben weiterhin auf grausame Weise an der Front. Der Eindruck entsteht, dass in dieser Lanz-Sendung die Ursachen für diesen Krieg nicht zur Sprache kommen sollen.

**Ulrike Guérot:** [fällt Lanz ins Wort] Doch, das hilft uns natürlich weiter. Wenn wir nicht verstehen ...

**Markus Lanz:** [unterbricht Guérot] Wissen Sie, womit ich ein Problem habe? Darf ich noch mal ganz kurz? Frau Guérot, bitte.

Der Satz: Das war eine völkerrechtswidrige Grenzüberschreitung.

**Ulrike Guérot:** Ja.

**Markus Lanz:** Sagen Sie?

**Ulrike Guérot:** Ja.

**Markus Lanz:** Also.

**Ulrike Guérot:** Ja, natürlich.

**Markus Lanz:** Ich habe allein mit den Begrifflichkeiten ein gigantisches Problem. Wissen Sie, da sterben Menschen, viele Menschen. Da werden Städte zerstört, auf eine unfassbare Art und Weise kaputt.

**Anmerkung:** Nun greift auch Lanz – wie schon zuvor mehrmals Strack-Zimmermann – Guérot über die moralische Schiene an (»emotional nudging«). Guérot wird erneut in ein schlechtes Licht gerückt. Beim Zuschauer entsteht der Eindruck, Guérot sei das Leid der ukrainischen Bevölkerung völlig egal.

Nun ist es sicherlich legitim, wenn ein Moderator einen Gast auf eine bestimmte Sprache, auf Begriffe usw. aufmerksam macht bzw. seinen Gast auch kritisiert, wenn diese Sprache der Realität unangemessen ist oder als unangemessen wahrgenommen wird. Bis dahin ist Lanz' Anmerkung noch kein Problem. Das Problem besteht darin, dass hier – mal wieder – im Sinne des vorherrschenden Narrativs besonders »kritisch« agiert wird und darüber hinaus Guérot ein Vorwurf gemacht wird, der substanzlos ist. Wie verhalten sich Lanz und Co. bei den Völkerrechtsverbrechen usw. der »Guten«? Gehen sie dabei auch jeden Gast, der diese Untaten nicht ausreichend sprachlich markiert, so an?

**Ulrike Guérot:** Ja.

**Markus Lanz:** Und Sie nennen es eine Grenzüberschreitung. Ich bitte Sie, was ist eine Grenzüberschreitung?

**Ulrike Guérot:** [fällt Lanz ins Wort] Ich meine das ganz physisch. Putin ist über die Grenze und hat einen Völker...

**Markus Lanz:** [unterbricht Guérot] Okay, sehen Sie es mir nach. Ich habe das anders interpretiert. Das klingt unvorstellbar verharmlosend.

**Anmerkung:** »Unvorstellbar verharmlosend«? Wie ist der »Einmarsch« in den Irak zu bewerten? Erinnert sei an die unterschiedliche Semantik. Beim Angriff der USA auf den Irak wurde von einem »Einmarsch« gesprochen, beim Ukraine-Krieg ist der Begriff Angriffskrieg überall in den Medien zu finden. Oder: »Humanitäre Mission« in Libyen, internationaler Einsatz in Afghanistan ... alles euphemistische Begriffe.

Wie ist im Hinblick auf einen kritischen Umgang mit Staatschefs, die an Kriegen beteiligt waren, über George W. Bush, Tony Blair usw. zu reden? Wie über den verstorbenen US-Präsidenten George Bush (1. Irak-Krieg)? Erinnern wir uns daran, wie respektvoll die Presse mit Bush umgegangen ist, als dessen Tod bekannt wurde. Anstatt über die politischen Abgründe von Bush Senior zu sprechen, haben die Medien das Augenmerk auf seinen Hund gerichtet, der vor seinem Sarg lag (so süß!)[7]. Medienvertreter des Mainstreams empören sich gerne – aber leider häufig nur einseitig in die Richtung des »richtigen« Narrativs. Von dort aus lässt sich gut aus der Position des moralisch Gerechten auftreten, der Beifall jener, die dem vorherrschenden Narrativ anhängen, ist meistens gewiss.

**Ulrike Guérot:** [fällt Lanz ins Wort] Ja, dann haben Sie es falsch interpretiert. Er ist physisch über die Grenze und das war der Akt, der ...

**Marie-Agnes Strack-Zimmermann:** [fällt Guérot ins Wort] Er hat das Land überfallen.

**Anmerkung:** Wieder schaltet sich Strack-Zimmermann ein, fällt Guérot ins Wort, legt ihr die »richtigen« Begrifflichkeiten in den Mund, agiert an dieser Stelle mit Lanz gleichsam im Team.

**Ulrike Guérot:** Er hat das Land überfallen.

**Markus Lanz:** [unterbricht Guérot] So, die entscheidende Frage ist, wer mitmacht. Wer mitmacht? Was heißt denn das?

**Anmerkung:** Wieder eine neue Frage von Lanz. Guérot kommt nicht dazu, inhaltlich zu sprechen.

**Ulrike Guérot:** Ja, natürlich, Ich. Ich sage noch mal das. Was ist ...

**Markus Lanz:** [unterbricht Guérot] Entschuldigung, wenn Sie angegriffen werden.

**Ulrike Guérot:** Ja.

**Markus Lanz:** Und Sie wehren sich. Machen Sie dann mit?

**Anmerkung:** Intellektuell ein Armutszeugnis diese Frage bzw. der Vergleich, der darin mitschwingt. Immer wieder greifen Akteure im Hinblick auf den Ukraine-Krieg diesen oder einen ähnlich angelagerten Vergleich auf, um zu verdeutlichen, dass die Verteidigung der Ukraine völlig gerechtfertigt ist. So eindringlich der Vergleich im Hinblick auf eine persönliche, individuelle Angriffssituation auch ist: Wenn ein Mensch auf der Straße angegriffen wird, ist das ein singuläres Ereignis mit begrenzter Auswirkung und oftmals keiner komplexen Multikausalität. Die hochkomplexe Kriegssituation (Tiefenpolitik, Geostrategie, staatliche Interessen von mehreren Staaten usw. usf.) mit einem Angriff zu vergleichen, der sich auf Ebene des einfachen Strafrechts bewegt, ist geradezu absurd.

**Ulrike Guérot:** So und die Frage ist jetzt, äh.

**Markus Lanz:** [unterbricht Guérot] Bitte, Frau Guérot, bitte antworten Sie einmal auf diese Frage. Ganz einfach.

**Ulrike Guérot:** Hören Sie, wenn zwei sich streiten, wie kann sich denn einer streiten ohne den zweiten? Es kann sich doch nicht einer nur alleine klatschen? Ja, sie brauchen schon was.

**Markus Lanz:** [unterbricht Guérot] Sie streiten sich ja nicht. Was soll der denn machen?

**Marie-Agnes Strack-Zimmermann:** Können in den Park gehen heute Nacht und werden überfallen. Sie werden überfallen.

**Anmerkung:** Und schon wieder unterstützt Strack-Zimmermann Lanz, schwingt voll auf sein Beispiel ein.

**Ulrike Guérot:** [fällt Strack-Zimmermann ins Wort] Ja, aber das sind ja die falschen Beispiele.

**Anmerkungen**: Richtig. So ist es. Die Beispiele greifen nicht ansatzweise. Guérot wird hier ihrer Aufgabe auch als Intellektuelle voll gerecht. Sie lässt sich nicht aufs intellektuelle Glatteis führen, sondern tritt diesem nur vordergründig einleuchtenden Vergleich entgegen.

**Marie-Agnes Strack-Zimmermann:** Und dann sagen Sie ...

**Markus Lanz:** Es ist genau das richtige Beispiel.

**Ulrike Guérot:** Sie können doch nicht negieren ...

**Marie-Agnes Strack-Zimmermann:** Ich würde es gerne mal runterbrechen. Sie gehen durch einen Park, werden überfallen, dann gehen Sie zur Polizei. Dann würde die Polizei zu Ihnen sagen: Warum gehen Sie auch nachts durch den Wald? Dann würden Sie sagen: Sag mal, haben Sie einen Knall? Ich kann doch nachts durch den Wald gehen.

**Ulrike Guérot:** [fällt Strack-Zimmermann ins Wort] Aber Ihr Beispiel ist ja falsch. Ihr Beispiel ist ja falsch.

**Anmerkung:** So ist es. Das Beispiel trägt nicht durch den aufgezogenen Vergleich. Wie gerade eben schon ausgeführt: Das sind zwei Situationen, die nicht miteinander vergleichbar sind. Bzw. genauer: Man kann sie miteinander vergleichen. Aber dann sollte auch intellektuell präzise ihre Unterschiedlichkeit erfasst werden. Hier ein singuläres, unikausales Ereignis. Dort ein Krieg mitsamt seiner geostrategischen Komplexität. Hervorzuheben gilt auch: Zwischen Ländern und den Täter-Opfer-Beziehungen der beispielhaft von Strack-Zimmermann angeführten Straftat herrscht eine völlig andere »Beziehungsebene« vor.

**Marie-Agnes Strack-Zimmermann**: Nein, ist es nicht.

**Ulrike Guérot:** [fällt Strack-Zimmermann ins Wort] Natürlich ist das Beispiel falsch.

**Marie-Agnes Strack-Zimmermann:** [gleichzeitig mit Guérot] Das ist die Realität.

**Ulrike Guérot:** Die Frage ist, was hat vorher stattgefunden. Wir wissen zum Beispiel, dass ...

**Marie-Agnes Strack-Zimmermann:** [unterbricht Guérot] Sie unterstellen der Ukraine, die Russen provoziert zu haben. Und das ist wirklich perfide.

**Ulrike Guérot:** Ich, ich ... Und wieso ist das eine Unterstellung? Die Frage ist tatsächlich: Können wir das diskutieren, ohne dass Sie ...

**Markus Lanz:** [unterbricht Guérot] Also Sie unterstellen. Sie sagen: Das ist gar keine Unterstellung, das ist Fakt?

**Ulrike Guérot:** Das ist dokumentiert. Gucken Sie doch in die OSZE-Berichterstattung, dass zum Beispiel wenige Tage bevor Putin über die Grenze gegangen ist, das ist völkerrechtswidrig, das beanstande ich und das ist brutal, ich negiere das überhaupt nicht, dass das der entscheidende *Antrieb [?]* von Russland gewesen ist, aber wir haben in den Tagen zuvor ein absolut erhöhtes Aufkommen an ukrainischem Beschuss im Donbass gehabt, ja? 1400 gezählte Angriffe und das sind OSZE-Daten. Das ist unser Bündnis, die das gezählt haben.

**Anmerkung:** Das ist ein sehr wichtiger Gesichtspunkt. Verstärkte Angriffe im Donbass vor dem russischen Einmarsch – könnte Lanz darauf mal eingehen? Vielleicht *könnte* er. Aber stattdessen:

**Markus Lanz**: [fällt Guérot ins Wort] Mir ist das vorhin schon aufgefallen, Sie ...

**Marie-Agnes Strack-Zimmermann:** [fällt Guérot ins Wort] Wissen Sie, das ist kein Zufall, dass das zwischen 2014 und 2022 in der Ostukraine passierte? 15 000 Menschen sind ums Leben gekommen.

**Ulrike Guérot:** [fällt Strack-Zimmermann ins Wort] Ja, das weiß ich doch. Ja genau, genau.

**Marie-Agnes Strack-Zimmermann**: Allein 10 000 Zivilisten.

**Ulrike Guérot:** [fällt Strack-Zimmermann ins Wort] Das ist ... Ich bin ...

**Marie-Agnes Strack-Zimmermann**: Da wurde kaum drüber berichtet.

**Ulrike Guérot:** Deswegen habe ich das eben gesagt. Deshalb habe ich eben gesagt ... Ich habe eben gesagt, dass wir hier mehr ...

**Markus Lanz**: [unterbricht Guérot] Wissen Sie, was Sie gesagt haben? Frau Guérot, bitte. Lass uns einmal sauber bleiben: Es ist ungefähr fünf Minuten her, zehn Minuten her, da haben Sie gesagt: Da gibt es diesen Bürgerkrieg.

**Anmerkung:** Interessant, dass Lanz hier ins »Du« übergeht (»Lass uns ...«). Das hat an der Stelle und im Hinblick auf den Gesamtverlauf der Moderation etwas Perfides. Das »Du« kommt scheinbar »Kumpelhaft« daher. Es ist so, als würden sich zwei, die sich richtig gut kennen und schätzen, am Abend in einer Kneipe zusammen bei einer Diskussion sitzen und dann spricht der eine dem anderen aufgrund kritikwürdiger Ansicht im freundschaftlichen Ton ins Gewissen. Diese Beziehungsebene gibt es aber nicht zwischen Lanz und Guérot.

Nun könnte es auch positiv gewertet werden, dass Lanz als erfahrener Moderator in einer bestimmten Gesprächssituation bewusst diese »Grenzüberschreitung« vollzieht und die Ebenen wechselt. Schließlich: Was spricht gegen einen »freundschaftlichen« Umgang miteinander?

Doch es handelt sich hier eben nicht um einen »freundschaftlichen Umgang«, sondern um eine Art vergiftete/falsche »Vertraulichkeit«, die dazu dient, Guérot weiter unter Druck zu setzen. Das »Du« ist ein Angriff, der in der angehängten Aussage »... einmal sauber bleiben« zum Vorschein kommt. Als ob Guérot bisher in ihrer Analyse *nicht* »sauber« war.

**Ulrike Guérot:** Ja.

**Markus Lanz**: Sie nennen das Bürgerkrieg.

**Ulrike Guérot:** Na ja, wie nennen Sie es denn?

**Markus Lanz**: Was da in der Ostukraine stattfindet? Wissen Sie was: Ich war da nicht. Ich frage einen, der sich auskennt. Wie nennen Sie es, Herr Pleitgen? Ist das ein Bürgerkrieg?

**Anmerkung:** »Ich war da nicht.« Was ist das für eine Aussage? Kann man von einem Moderator, der bei einem Qualitätsmedium arbeitet und ein scharf gestelltes Interview zu einem der brennenden Themen unserer Zeit führt, erwarten, dass er weiß (!), ob es in der Ukraine einen Bürgerkrieg gegeben hat? Lanz spricht sich hier letztlich selbst die Qualifikation für das Thema ab – was meines Erachtens aber nicht glaubwürdig ist. Schließlich muss man kein »Experte« sein, um das Offensichtliche sauber einordnen zu können.

**Frederik Pleitgen:** Es ist ein Krieg. Es ist ein ... Zurzeit ist es ein Vernichtungskrieg, also vor allem im Donbass. Zurzeit aber ein Bürgerkrieg war das meines Erachtens nicht. Es war eigentlich ein Aufstand, der 2014 von Russland mitfinanziert mit Waffen weiter auch aktiv betrieben wurde. Klar.

**Anmerkung:** Jetzt lernen wir: Es gibt auch einen »Vernichtungskrieg«. Und jetzt wird es interessant: »Ein Aufstand, der 2014 von Russland mitfinanziert mit Waffen weiter auch aktiv betrieben wird.«

Plötzlich geht es?! Plötzlich hat Pleitgen den Blick für ein verdecktes Vorgehen eines Staates. Nur, wer hätte es gedacht: Es geht natürlich um Russland. Russland finanziert die »Aufständigen« im Donbass, aber dass verdeckt von westlicher Seite in der Ukraine interveniert wurde, kann nicht sein?

**Markus Lanz**: [gleichzeitig zu Pleitgen] So aktiv betrieben worden ist. Also deswegen noch mal: Grenzüberschreitung, Bürgerkrieg ...

**Ulrike Guérot:** [unterbricht Lanz] Also ich glaube, die Frage ist: Haben wir hier eine Analyse, die darauf beruht, dass sozusagen Putin alleine das Übel ist, ja?

**Anmerkung:** Jetzt muss Guérot schon die Moderation übernehmen und so eingreifen, dass das Gespräch in die richtigen inhaltlichen Bahnen gelenkt wird (und nicht völlig ins Verworrene, Konfuse abdriftet).

**Markus Lanz**: Äh, die Antwort ist: Ja.

**Anmerkung:** In dieser Runde wäre es nicht Lanz' Aufgabe gewesen, die Frage von Guérot zu beantworten. Er ist der Moderator. Nicht Mitdiskutant. Auch wenn es mitunter nicht so einfach ist, (gerade bei Lanz) diese Rolle sauber zu trennen: Lanz hat Gäste eingeladen. Um diese geht es. Ihre Sicht, ihre Meinung. Die Gäste sollen untereinander diskutieren. Lanz bezieht aber selbst Position – und verrät dadurch aber zugleich dankenswerter weise, wo er steht. Spätestens jetzt ergibt sein Agieren in dieser Sendung »Sinn«. Er (wenn es tatsächlich so ist) glaubt eben, dass es einen Schuldigen im Hinblick auf die Eskalation des Konfliktes gibt. Und das ist: Putin. An dieser Stelle kommt auch ein Bezug zu dem »Überfall im Park« zum Vorschein. So wie ein psychopathischer (Trieb-)Täter im Park auf sein Opfer losgeht, so soll es sich offensichtlich auch im Hinblick auf die Person Putin verhalten. Putin wäre demnach nichts anderes als ein psychopathisch gestörter Angreifer.

Natürlich ist die Antwort von Lanz falsch. Putin möge zwar gerne für den Angriffskrieg zur Rechenschaft gezogen werden. Es ist aber absurd anzunehmen, dass der Krieg einzig auf einem Akt der Putinschen Selbstzeugung beruht. Putin hat den offenen Krieg durch den illegalen Angriff auf die Ukraine begonnen. Aber zu behaupten, dass es für diesen Schritt keine Gründe gibt (wohlgemerkt: Das ist keine Rechtfertigung oder Entschuldigung!), die mit dem (tiefenpolitischen) Handeln des Westens zu tun haben, geht an der Realität vorbei. Doch Lanz kann das sagen. Er kann sich so positionieren, weil diese eindimensionale »Wahrheit« eben auch der »Wahrheit« des leitmedialen Narrativs entspricht.

**Ulrike Guérot:** Die Antwort ist: Nein.

**Anmerkung:** Guérot bleibt standhaft.

**Markus Lanz**: Die klare Antwort ist: Ja.

**Ulrike Guérot:** Nein, die klare Antwort ist, dass Putin schuld ist an diesem aggressiven Krieg und an dem Grenzübertritt, den er am 25. De... äh, Jan... äh, Februar. Und das beanstande ich überhaupt nicht.

**Anmerkung:** Nun verhaspelt sich Guérot im Hinblick auf den Zeitpunkt des Kriegsbeginns. Sie ist unter Druck.

**Markus Lanz**: 24.

**Anmerkung:** Lanz nennt das korrekte Datum. Nur: Es ist an dieser Stelle völlig irrelevant.

**Ulrike Guérot:** Am 24. Entschuldigung. Aber wenn Sie nicht kontextualisieren wollen, was vorher, und zwar nicht nur vorher in dem Jahr 2021 ...

**Anmerkung:** Darüber soll auf keinen Fall gesprochen werden. Was ist vor dem russischen Angriff passiert? Der geneigte Leser oder Zuschauer kann sich das Gespräch durchlesen oder anschauen. Guérot wäre die Frau gewesen, die einiges zur Vorgeschichte hätte sagen können – und zwar kritisch, politikwissenschaftlich eingeordnet. Das hätte den Zuschauern einen Mehrwert gebracht. Und dann hätte die Runde über die geäußerten Sachverhalte usw. diskutieren können.

**Marie-Agnes Strack-Zimmermann:** [unterbricht Guérot] Jetzt wollen Sie sich schon wieder, an dem Überfall zu rechtfertigen.

**Anmerkung:** Wieder eine Aussage von Strack-Zimmermann, die als Angriff zu werten ist. Guérot rechtfertigt mit keinem Satz den Angriff auf die Ukraine. Sie perspektiviert. Perspektivierung ist nicht Rechtfertigung.

**Ulrike Guérot:** Ich will überhaupt nichts rechtfertigen. Ich möchte das Blickfeld öffnen.

**Markus Lanz**: [gleichzeitig zu Guérot] Okay, Frau Guérot, ganz kurz eine einfache Frage.

**Ulrike Guérot:** Wir möchten doch zu einer Lösung kommen, wir möchten doch die Frage an Sie. Wir möchten doch diese Brutalitäten beenden, oder? Und diese Brutalitäten ...

**Marie-Agnes Strack-Zimmermann:** [unterbricht Guérot] Ich öffne Ihnen gerne mal das Sichtfeld, wie das ist.

**Ulrike Guérot:** Und diese Brutalitäten beende ich nur, wenn ich ein gesamtstrategisches Bild bekomme von dem, was in der Ukraine passiert ist. Und zwar nicht nur in den zwei, drei Tagen vorher, sondern in den Jahren vorher.

**Anmerkung:** So ist es.

**Frederik Pleitgen:** [fällt Guérot ins Wort] Ja, aber glauben Sie, dass das nicht jeder hat, das gesamtstrategische Bild? Glauben Sie, wir haben das alle nicht? Das hat doch jeder.

**Ulrike Guérot:** Das glaube ich schon. Ich meine, wir reden immer jetzt nur von der Ukraine.

**Frederik Pleitgen:** [fällt Guérot ins Wort] Ich mein, wir sind doch hier und jetzt ...

**Markus Lanz**: [unterbricht Pleitgen und Guérot] Frau Guérot, bitte, bevor das hier völlig entgleitet: Ich habe eine kurze Frage. Es geht, es geht. Wir machen immer diesen Blick zurück. Es ist sozusagen die vermeintliche Provokation der NATO und so weiter. Ich habe allerdings ...

**Anmerkung:** Lanz merkt selbst, dass ihm die Sendung aus dem Ruder läuft. Nur sagt er das nicht. Er – und zwar nur er – ist als Moderator für diesen Gesprächsverlauf verantwortlich.

**Ulrike Guérot:** [fällt Lanz ins Wort] Was heißt ›vermeintlich‹? Ich meine ...

**Markus Lanz**: [unterbricht Guérot] Ja, ich sage »vermeintlich« ganz bewusst. Passen Sie auf. Ich habe eine kurze Frage: Wenn dieses, wenn diese Erzählung stimmt, dass sich da einer provoziert fühlt durch die NATO, dann frage ich Sie, ganz einfache Frage, und bitte um konkrete Antwort: Ist es sozusagen eine Sache der NATO, wenn man dann jemanden, der mit dem Fahrrad vom Einkaufen nach Hause kommt, einfach von diesem Fahrrad runterballert? Kämpft man dann gegen die NATO?

**Anmerkung:** Mit diesem Beispiel knüpft er an das Beispiel von Strack-Zimmermann (Park, Polizei, Überfall) an, das sie kurz vorher in der Sendung angeführt hat. So unsinnig dieses Beispiel war, so unsinnig ist die Frage von Lanz in diesem Kontext. Komplexitätsreduktion – im negativsten Sinne.

**Ulrike Guérot:** Nein.

**Markus Lanz:** Oder ist man dann jemand, der jede, jede Hemmung, jede Moral, alles, was irgendwann mal Anstand war, was man selbst im Krieg nicht macht, verloren hat? Hat das irgendetwas mit der NATO zu tun? Die arme Frau, die vom Einkaufen nach Hause kommt. Die eine Frau, mit der wir dieser Tage hier in der Sendung ...

**Anmerkung:** Lanz bringt »Anstand«, »Moral« mit der NATO in Verbindung. Noch Fragen?

**Ulrike Guérot:** Herr Lanz.

**Markus Lanz:** Ganz kurz ... gesprochen haben, die berichtet hat, wie sie mit ihrem Mann nach Butscha zieht, in diesen Vorort, weil in Kiew die Mieten und die Eigentumspreise immer höher klettern, ein ganz normales europäisches Leben: Innenstädte kann man sich nicht mehr leisten, man zieht in diesen idyllischen Vorort Butscha, man lebt dort ein Jahr, man ist schwanger, man lebt dort in dieser kleinen Wohnung, dann entschließt man sich Anfang März zu fliehen und fünf Minuten später wird man Zeuge ...

**Ulrike Guérot:** Ja.

**Markus Lanz:** ... hochschwanger, wie der eigene Ehemann brutal in diesem Auto, an dem weiße Fahnen wehen, Zeichen für Zivilisten, hinter dem Lenkrad mit Dutzenden Kugeln durchsiebt und erschossen wird.

**Anmerkung:** Lanz emotionalisiert. Er gebraucht ein hochemotionales Bild, einen hochemotionalen Vorfall und wendet das Grauen des Krieges gegen Guérot.

**Ulrike Guérot:** [fällt Lanz ins Wort] Ich sagte schon ...

**Markus Lanz:** Wenig später ist auch dieses Kind tot. Man ist in einem Krankenhaus, man weiß nicht, wann man rauskommt.

Und man sitzt da und sagt: Das Einzige, was mir geblieben ist, ist mein Hund. Und ich frage Sie jetzt noch mal: Hat es irgendwas mit der NATO zu tun? Was hat diese arme Frau, diese Englischlehrerin oder Deutschlehrerin, was hat sie mit der NATO zu tun?

**Anmerkung:** Auch das ist ein massives emotionales Nudging. Des Weiteren versteht Lanz im Hinblick auf diesen Krieg offenbar etwas Grundlegendes nicht. Um es zu wiederholen: Ein Bock stößt nie alleine. Auch Putin nicht.

**Ulrike Guérot:** Und jetzt frage ich Sie was. Kennen Sie den Roman …

**Markus Lanz:** [fällt Guérot ins Wort] Jetzt antworten Sie doch mal bitte.

**Ulrike Guérot:** Jetzt haben Sie lange gesprochen.

**Markus Lanz:** [fällt Guérot ins Wort] Ne, jetzt antworten Sie bitte mal.

**Ulrike Guérot:** Kennen Sie den Roman von Erich Maria Remarque »Im Westen nichts Neues«?

**Markus Lanz:** [fällt Guérot ins Wort] »Im Westen nichts Neues«, ja. Nach dem langen Gemetzel sagt er: Im Westen gibt's … Ich weiß.

**Ulrike Guérot:** Ja. Da geht es 250 Seiten … Ja genau, und jetzt ist die Frage:

**Markus Lanz:** [fällt Guérot ins Wort] Was hat das damit zu tun?

**Ulrike Guérot:** Das hat genau damit was zu tun. Wenn wir das Gemetzel im Schützengraben … Ich bin die Einzige, die hier gesessen hat in der Sendung und die gesagt hat: Ich möchte den Waffenstillstand sofort, weil ich das nicht mehr sehen will. Das sage ich jetzt bitte noch mal.

**Anmerkung:** Wieder wird deutlich: Guérot gelingt es, trotz eines massiven Drucks gedanklich klar zu bleiben. Sie möchte zwischen der geostrategischen Ebene des Krieges (Akteure, Interessen, Motivlagen) und der Ebene der emotionalen Gräuel unterscheiden, Letzteres nicht leugnen, aber Ersteres diskutieren, weil es über Gräuel nichts zu diskutieren gibt, außer dass sie sofort aufhören müssen. Sie sagt letztlich, wer sich – wie Lanz – über das Gemetzel des Krieges, den Tod von Schwangeren usw. empört, der muss sagen: »Waffen nieder!« Und sie sagt zu Recht, dass sie die Einzige in der Sendung ist, die gesagt hat, sie will Waffenstillstand.

**Markus Lanz:** [gleichzeitig mit Guérot] Entschuldigung. Was heißt denn hier »die Einzige«? Hallo? Nein, nein, nein, nein, nein. Es gibt niemanden in diesem Studio und es gibt niemanden draußen vor dem Fernseher, der das nicht möchte. Warum sagen Sie das?

**Anmerkung:** Guérot trifft ins Schwarze. Anhand der Reaktion von Lanz lässt sich genau ablesen, wie er durch gedankliche Unschärfe (ob mit Absicht oder unbewusst) zur weiteren Konfusion in der Sendung beiträgt.

Guérot sagt lediglich, dass sie die Einzige in der Sendung war, die gesagt hat, dass sie sofort Waffenstillstand möchte. Lanz macht daraus: Das sei falsch, schließlich »möchten« alle in der Sendung »Waffenstillstand«. Das hat Guérot aber nicht gesagt. Es geht nicht darum an dieser Stelle, was alle in der Sendung »möchten«, sondern, dass nur Guérot in der Sendung diesen Wunsch bzw. diese Forderung bisher geäußert hat. Wenn alle anderen in der Sendung das möchten, dann ist das ja schön und gut. Sie hätten es aber dann auch früh genug sagen dürfen.

Völlig absurd wird es, wenn Lanz meint, für alle Zuschauer vor den Fernsehgeräten sprechen zu können. Sollte der ein oder andere Zuschauer aus der Rüstungsindustrie die Sendung geschaut haben, dann wäre ich mir nicht unbedingt so sicher, ob auch von dieser Seite von allen ein sofortiger Waffenstillstand herbeigesehnt wird. Ganz abgesehen von bestimmten Geostrategen und Russlandhassern.

**Ulrike Guérot:** [gleichzeitig mit Lanz] Ich habe das gesagt, ja. Ich bin die Einzige, die hier in dieser Sendung bisher gesehen hat, dass ich infrage stelle …

**Anmerkung:** Guérot bleibt immer noch standhaft.

**Markus Lanz:** [unterbricht Guérot] Frau Guérot, bitte, noch mal. Wieso sagen Sie das? Dass Sie die Einzige …

**Ulrike Guérot:** Weil Frau Strack-Zimmermann und Herr Pleitgen sind der Meinung, dass wir das mit mehr Waffen schaffen, und ich bin der Meinung, dass wir das schaffen mit einem Versuch von Waffenstillstand und Verhandlungen.

**Markus Lanz:** Sie sagten ja: Wenn man sich streitet, braucht es immer zwei. Bei einem Waffenstillstand heißt meine dumpfe Vermutung, braucht man auch immer zwei. Wenn der eine nicht mitmacht, was macht der eine dann?

**Anmerkung:** Das Adjektiv »dumpf« wertet die Aussage Guérots weiter ab.

**Ulrike Guérot:** So, die Frage ist ja: Was würden wir denn anbieten? Wir gehen ja davon aus …

**Markus Lanz:** [fällt Guérot ins Wort] Wer muss denn was anbieten?

**Ulrike Guérot:** Wenn wir sagen, also die Frage ist ja, wenn unsere Annahmen, die Annahmen …

**Marie-Agnes Strack-Zimmermann:** Wir haben überhaupt nichts anzubieten. Das ist die Ukraine, um die es geht. Wir sitzen hier selbst im Trockenen und Sie erzählen, was die Ukraine den Russen anbieten soll, nachdem sie überfallen worden sind.

**Anmerkung:** Strack-Zimmermann redet hier auf eine Weise, als gäbe es nicht einen massiven Einfluss vonseiten der NATO in der Ukraine. Was wäre, wenn die NATO ihre finanzielle und militärische Unterstützung zurückziehen würde? Anders gesagt: Wenn ein Land so massiv auf die Unterstützung angewiesen ist wie die Ukraine, dann ist davon auszugehen, dass sie auch einem »gewissen« Einfluss unterstützender Kräfte unterliegt.

Prof. Jeffrey Sachs von der Columbia University in New York, Sonderberater des Generalsekretärs der Vereinten Nationen, verfasste die folgenden Zeilen:

*»Der Krieg in der Ukraine ist der Höhepunkt des 30 Jahre alten Projekts der US-Neokonservativen. Die Biden-Administration ist voll besetzt mit denselben Neocons, die sich stark gemacht haben für die vom Zaun gebrochenen amerikanischen Kriege in Serbien (1999), Afghanistan (2001), Irak (2003), Syrien (2011) und Libyen (2011) und die alles taten, den russischen Überfall auf die Ukraine zu provozieren. Die Bilanz der Neocons ist ein vollständiges Desaster. Dennoch hat sich Biden mit Neocons umgeben. In der Folge lenkt Biden die Ukraine, die Vereinigten Staaten und die Europäische Union in ein weiteres Debakel. Wenn Europa noch einen Rest Verstand besitzt, wird es sich lossagen von diesen außenpolitischen Katastrophen Amerikas.«*[8]

Sachs war auch Berater des Internationalen Währungsfonds, der Weltbank, der OECD, der WTO sowie Regierungsberater in Bolivien, Polen und weiteren Ländern. Mit anderen Worten: Seinen Aussagen darf eine gewisse Tragweite zugeschrieben werden.

Der Einfluss der »Guten« in der Ukraine ist evident. Vom massiven Einfluss westlicher bzw. US-amerikanischer Firmen in der Ukraine ganz zu schweigen.[9]

**Ulrike Guérot:** In der Analyse, dass es sozusagen um diesen Punkt des russischen Angriffskrieges, um die Ukraine geht, in dieser eng geführten Debatte, ja, da haben Sie recht. Wenn wir diesen Blick weiten und sagen, es geht hier um eine geostrategische Lösung. In dieser Lösung gibt es viele Akteure, dann müssen wir uns angucken, wer gewinnt an diesem Krieg, wer hat Interesse an der Verlängerung dieses Kriegs, wer erfüllt gerade seine strategischen Interessen, was will Europa, und so weiter. Da muss ich mir viele Dinge mehr angucken. Wenn ich mir diese vielen Dinge hier angucke, dann ist der Schlüssel zu diesem Krieg in Amerika. Dann muss es darauf hinauslaufen, dass wir ein Gespräch bekommen zwischen Biden und Putin, dann ist der Waffenstillstand möglich und dann scheitert das und das ist natürlich im Moment ...

**Frederik Pleitgen:** [fällt Guérot ins Wort] Das ist alles schon passiert. Der Biden hat gesagt. Vor dem Krieg hat der Biden gesagt, er wäre auch bereit, sich mit Wladimir Putin zu treffen. Der Einzige, der es nicht gemacht hat, war Wladimir Putin.

**Anmerkung**: Wie schon weiter vorne gesagt: Entscheidend ist nicht, ob Biden ein Treffen vorschlägt. Entscheidend ist, ob Biden bereit ist, die »roten Linien« Moskaus zu akzeptieren. Wenn nein, ergibt ein derartiges Treffen keinen Sinn. Pleitgen sollte das wissen.

**Ulrike Guérot:** [gleichzeitig mit Pleitgen] Und Kissinger hat ...

**Markus Lanz:** [gleichzeitig mit Pleitgen] Die Kronzeugen sind 99 Jahre alte Männer.

**Anmerkung**: Wir lernen: 99 Jahre alte Männer, selbst wenn sie Henry Kissinger heißen (nicht so ganz unerfahren in außenpolitischen Fragen), dürfen nicht mehr als »Kronzeugen« angeführt werden.

**Frederik Pleitgen:** Und was Kissinger ... Es gibt einfach keinen Anhaltspunkt dafür ...

**Ulrike Guérot:** Ja, aber Kissinger ist jetzt nicht ... Kissinger ist ein alter Hase, der andere Kriege gemacht hat.

**Frederik Pleitgen:** ..., dass die USA Interesse daran haben, dass dieser Krieg unnötig lange weitergeht.

**Ulrike Guérot:** Na, dafür gibt's aber einige Anhaltspunkte.

**Frederik Pleitgen:** Die USA versuchen, die Ukraine mit Waffen zu versorgen, damit die Ukraine ihre eigenen Städte verteidigen kann. Und Sie haben eine Sache erzählt, und das find ich immer, das ist eine Sache, die ich am liebsten höre, wenn Leute sagen: Ist ein Krieg schon mal dadurch verkürzt worden, oder ist jemand *[unverständlich]* durch Waffenlieferungen? Ich kann Ihnen nämlich zwei nennen, wo es passiert ist: die Schlacht um Kiew, die Schlacht um *Charkiw* [?]. Beides Städte, die jetzt noch einigermaßen intakt sind, die sonst komplett in Schutt und Asche gelegt worden wären, wenn die russische Armee es geschafft hätte, dort reinzukommen. Und genau da haben Waffenlieferungen nämlich funktioniert. Und das ist einfach genau das, womit auch die Ukraine es derzeit schafft, den Durchbruch der russischen Truppen im Donbass zu verhindern.

**Anmerkung**: Auch hier wird die Realität wieder auf eine undifferenzierte Weise skizziert.

Städte werden dann in einem Krieg zerstört, wenn es Gegenwehr gibt. Angenommen, die Ukrainer hätten ihre Waffen niedergelegt, dann hätten die Russen mit ziemlicher Sicherheit nicht Städte zerstört (das ist eine rein analytische Feststellung und heißt nicht, die Aktionen Russlands zu rechtfertigen). Was Pleitgen sagt, ist also alleine schon aus analytischer Sicht falsch. Waffen haben an bestimmten Stellen dabei geholfen, die Russen zurückzudrängen. Gut. Nur hat das auch niemand bestritten. Zudem verwechselt Pleitgen einen Krieg mit einer Schlacht. Durch Waffen mag an einer Stelle eine Schlacht gewonnen worden sein: Der Krieg läuft immer weiter und schier unendlich viele Ukrainer verrecken auf jämmerliche Weise – dann eben an anderer Stelle auf den Gefechtsfeldern.

Auch an dieser Stelle muss man Markus Lanz Vorwürfe machen. Er lässt diese Aussagen durchgehen.

Aber Pleitgens Aussage muss auch in ihrer Gesamtheit hinterfragt werden.

Hier folgend ein Interview mit Noam Chomsky, der eine andere Perspektive einnimmt:

> *»Chomsky zufolge kämpft Russland mit Zurückhaltung und Mäßigung. Er vergleicht Russlands Kampfweise mit der der USA während der Invasion des Irak im Jahr 2003 und argumentiert, dass eine groß angelegte Zerstörung der Infrastruktur, wie sie in diesem Konflikt zu beobachten war, ›in der Ukraine nicht stattgefunden hat‹. Er fügt hinzu: ›Zweifelsohne könnte Russland dies*

*tun, vermutlich mit konventionellen Waffen. (Russland) könnte Kiew genauso unbewohnbar machen wie Bagdad und könnte Nachschublinien in der Westukraine angreifen.‹ Auf meine Frage, ob er damit andeuten wolle, dass Russland in der Ukraine humaner kämpfe als die USA im Irak, antwortet Chomsky: ›Ich deute es nicht an, es ist offensichtlich. Delegationen von UN-Inspektoren mussten nach Beginn der Invasion des Irak abgezogen werden‹, sagt er, ›weil der Angriff so hart und extrem war ... Das ist der amerikanische und britische Stil des Krieges.‹ Chomsky fügt hinzu: Schauen Sie sich die Opferzahlen an. Ich kenne nur die offiziellen Zahlen ... Die offiziellen UN-Zahlen sprechen von 8 000 zivilen Opfern (in der Ukraine). Wie viele zivile Opfer gab es, als die USA und Großbritannien den Irak angriffen?«*[10]

**Ulrike Guérot:** Ich gucke auf Europa und das, was ich sage, ist: Was soll denn am Ende dabei rauskommen? Und das, was dabei rauskommt, wenn wir jetzt weiter aufrüsten, wenn wir diese Waffen weiter liefern, wenn wir diesen Stellungskrieg weiter fördern. Dann sterben im Moment in der Ukraine zwischen 300 und 500 junge Männer pro Tag, ja? Wir verlängern also entweder den Stellungskrieg oder, noch viel schlimmer, weil irgendwas entgleist mit diesen 50, 70 Kilometern, wird doch eskaliert und dann reden wir uns ein ...

**Anmerkung:** Nun macht Guérot auf die Opfer aufmerksam. Allerdings: Ihr geht es nicht um einen »Effekt«, also um einen emotionalisierenden Moment. Sie will sagen (das ergibt sich einfach aus ihrer Gesamtpositionierung), dass alleine schon aufgrund der Anzahl der Soldaten, die in der Ukraine jeden Tag sterben, der Krieg am besten sofort aufhören muss.

**Frederik Pleitgen:** Glauben Sie, dass dieser Krieg, dieser »Stellungskrieg«, glauben Sie, würde enden, wenn der Westen aufhört, Waffen zu liefern? Weil ich kann Ihnen sagen, was passieren würde. Wenn das passieren würde, dann würde die ukrainische Armee möglicherweise zurückgedrängt werden, dann würden es die Russen vielleicht schaffen, nach Kiew reinzukommen, nach Charkiw reinzukommen. Und dann würde es dort über Monate, über Jahre hinweg Straßenschlachten geben, bei denen noch viel mehr Menschen sterben werden ...

**Anmerkung:** Dass in diesem Szenario noch mehr Menschen sterben würden, wäre von Pleitgen zu beweisen. Spätestens in so einer Situation wäre es ohnehin mehr als angebracht, dass Selenskyj sich mit Russland auf eine Beendigung des Krieges einigt.

**Ulrike Guérot:** [fällt Pleitgen ins Wort] Die ich nicht will. Ich sag' das jetzt zum fünften Male, die ich nicht will. Weder Stellungskrieg noch Straßenschlachten.

**Frederik Pleitgen:** Alles, was Sie sagen, sagt das Gegenteil.

**Anmerkung:** Wie Pleitgen auf diese Interpretation kommt, erschließt sich auch beim besten Willen nicht.

**Ulrike Guérot:** [gleichzeitig mit Pleitgen] Nein. Wenn wir einen Krieg aufhören wollen, dann ...

**Frederik Pleitgen:** [gleichzeitig mit Guérot] Natürlich. Wir haben alle eine strategische Sicht. Jeder will den Krieg beenden. Jeder will, dass es aufhört. Jeder weiß, was in der Vergangenheit passiert ist.

**Ulrike Guérot:** Ich fang noch mal vom Ende her an. Selbst wenn Sie das gewinnen, selbst wenn Sie sagen, diese Stellungsschlacht in der Ukraine kann gewonnen werden, dann ist immer noch die Frage: Wie wollen Sie das stabilisieren? Mit welchen Waffen wollen Sie im Prinzip eine ... Also das, was wir jetzt strategisch tun, ist, dass, wenn wir sagen, das muss strategisch gewonnen werden, und wir wollen ...

**Frederik Pleitgen:** [unterbricht Guérot] Der Selenskyj hat doch gesagt, es muss eine Verhandlungslösung. Niemand spricht davon, dass dieser Krieg am Ende nur militärisch gewonnen wird. Es gibt auch im Grunde genommen fast keinen Krieg, der jetzt rein militärisch endet.

**Ulrike Guérot:** Und die Verhandlungslösung, dafür habe ich ja hier gesessen, für diese Verhandlungslösung, nur um das noch mal klarzustellen. Die Verhandlungslösung bin ich. [Stimmengewirr und Zwischenrufe] Und die Verhandlungslösung hat einen zentralen Punkt und das hat zum Beispiel Kissinger, der immerhin mal ein alter Fuchs ist, ja, und im Übrigen kein Pazifist, das hat Kissinger ja klar gesagt, die Ukraine wird Gebiete abtreten müssen. Und es wird wahrscheinlich auf eine Neutralität hinauslaufen. Jetzt ist die einzige Frage ...

**Frederik Pleitgen:** Das wollen Sie für die Ukraine entscheiden? Oder wir sollen das für die Ukraine entscheiden?

**Ulrike Guérot:** Nein, ich glaube, dass die Ukraine ...

**Frederik Pleitgen:** Nein, nein.

[Stimmengewirr und Zwischenrufe]

**Marie-Agnes Strack-Zimmermann:** ... die Ukraine draußen lassen. Sie sitzt hier nicht mit am Tisch. Das nennt man Diktatfrieden.

**Anmerkung:** »Diktatfrieden« – auch so ein Begriff, der immer wieder in den Medien zu hören ist. Es würde mich nicht wundern, wenn er aus Denkfabrik stammt bzw. er für den Meinungskampf in Sachen Ukraine-Krieg empfohlen wurde. Große Bekanntheit erlangte dieser Begriff übrigens nach dem Ersten Weltkrieg. Insbesondere rechte Kreise benutzten ihn, um den Versailler Vertrag von 1919 zu diskreditieren. Dieser Vorwurf an die demokratischen Kräfte, einen solchen Diktatfrieden abgeschlossen zu haben, erwies sich als zu große Hypothek für die Republik und führte mit zu ihrem Ende. Aufgrund dessen ist die Verwendung dieses Begriffes doch sehr verwunderlich. Gerade derzeit wird ja alles Gesagte auf sprachliche Kontinuitäten zum Dritten Reich oder zu rechtsextremen Kreisen geprüft.

**Ulrike Guérot:** Überhaupt nicht. Ich glaube, dass die leider bald selber darauf kommen wird, dass das Blutvergießen und der Stellungskrieg nicht mehr lange auszuhalten sind. Das ist völlig klar, dass ich sage, und ich sage noch mal, das sagen im Moment alle Generäle, dass dieser Krieg im Schlachtfeld nicht zu gewinnen ist. Ich glaube, dass sich das bald durchsetzen wird, dass ...

**Marie-Agnes Strack-Zimmermann:** [unterbricht Guérot] Das ist das Narrativ von Wladimir Putin. Sehr spannend, Ihnen zuzuhören.

**Anmerkung:** Wenn das das Narrativ von Putin ist: Welches »Narrativ« bedient dann Strack-Zimmermann?

**Frederik Pleitgen:** Glauben Sie denn, dass dieser Krieg auf dem Schlachtfeld für Russland zu gewinnen ist? Weil da läuft es ja nicht besonders gut zurzeit für die Russen.

**Ulrike Guérot:** Die Frage ist, wo wollen Sie hin? Wie soll denn Europa aussehen 2030? Das ist meine Frage an Sie und an Sie [zeigt auf Lanz und Strack-Zimmermann].

**Marie-Agnes Strack-Zimmermann:** Ja, das kann ich Ihnen sagen: Integrität der Grenzen. Wissen Sie, dass die UN gegründet wurde, um die Morde des Zweiten Weltkriegs aufhören? Die UN ist gegründet worden, damit nie wieder der Stärkere dem Schwächeren diktiert, was Sache ist. Und die Tatsache, dass Artikel 51 der UN sagt, wer überfallen wird, darf sich wehren. Und die, die dem, der überfallen wird, unterstützt mit Material, ist völkerrechtlich Gesetz. Das war die Überlegung nach dem grauenvollen Zweiten Weltkrieg, den Deutschland ausgelöst hat, mit den unvorstellbaren Opfern und jetzt sagen Sie, 77 Jahre später: Russen latschen da rein, sind stark. Übrigens sind sie schon lange nicht so stark, wie alle glauben.

**Anmerkung:** »Integrität des Westens«? Wo?

**Ulrike Guérot:** [fällt Strack-Zimmermann ins Wort] Nein. Was ich sage, ist, dass Europa ist ein Friedensnarrativ ...

**Marie-Agnes Strack-Zimmermann:** Lassen Sie mich diesen Gedanken zurück ... Die Ukraine wird überfallen, jetzt soll Ruhe geben und am besten geben Sie die Hälfte des Landes ab, damit Ruhe ist. Die Ukraine wird selber entscheiden, was ist, und eins ist klar: Wenn wir diese wertebasierte Ordnung, in der wir leben, wenn wir die jetzt aufgeben, dann kann ich nur sagen: Gnade uns Gott. Übrigens auch den Europäern. Dieses ist ein Krieg, wo es darum geht: Wird Demokratie und Freiheit gewinnen oder werden die Diktatoren und diese Putins dieser Welt eine Chance haben?

**Anmerkung:** »Wertebasierte Ordnung« ist ein neuer Begriff, der vermeidet, dass man vom Völkerrecht sprechen muss – auf das sich auch Russland berufen könnte ...! Wovon spricht Strack-Zimmermann? Vom Umgang mit Julian Assange? Vom Angriff auf den Irak? Vom Agent Orange im Vietnamkrieg (mit schlimmen Folgen bis heute)? Von Abu Ghraib? Von den »Kollateralschäden« im Einsatz für Frieden und Recht? Oder das Prinzip vom »preemptive strike« der USA?

**Markus Lanz:** Einmal, einmal ... ganz kurze Frage. Ich würde mal gerne von Frederik Pleitgen, der dort lange war, mal hören, wie die Ukrainer das eigentlich selber sehen. Was? Was? Was? Was hat das denn nur in der Ukraine ausgelöst? Der 24. Februar, die Schlacht um das Stahlwerk in Mariupol, Asowstal Stil [?] usw. Was hat all das mit diesem Land, mit seiner Bevölkerung gemacht? Wie sehen die das und wie? Was hat die so eine Diskussion empfinden?

**Frederik Pleitgen:** Ja, ich ja diese Diskussion, wenn überhaupt, kann ich nachvollziehen können. Aber ich glaube, was in der Ukraine passiert ist, vor allem nicht erst seit dem Kriegsbeginn, aber natürlich dann beschleunigt seit dem Krieg. Zumindest ist das die, die, wenn man so will, die nationale ukrainische Identität einfach extrem bestärkt worden ist. Es gab ja schon 2014, als die, als die Russen in die Krim einmarschiert waren, da gab es ja schon viele auf der Krim, die da dann nicht dagegen waren zumindest. Und die ukrainische Armee war damals auch schwach und auch jetzt in den letzten Jahren. Ich bin da relativ oft mit Ukraine gereist, da merkte man schon immer mehr, wie sich diese nationale ukrainische Identität dann immer mehr als Nationalstaat stärker geworden ist. Und das ist jetzt natürlich noch um ein Vielfaches weiter passiert. Und was man, was man einfach sehen muss, ich meine: Die haben zu, zu Hunderttausenden. Da haben sich die Leute ja freiwillig gemeldet zum Kämpfen. Wenn man es in Kiew gesehen hat, da sind ja die Leute, Frauen, Männer, ältere Leute, die sind dahingegangen und haben gesagt, kann ich Molotowcocktails machen, kann ich Barrikaden bauen, alles Mögliche, um das zu verhindern. Also das hat natürlich schon dann auch diesen Zusammenhalt da enorm gestärkt.

**Anmerkung**: Pleitgen sagt tatsächlich, die Russen seien in die Krim »einmarschiert«.

Wie soll das möglich gewesen sein? Die Brücke von Kertsch existierte nicht einmal. Sie wurde 2018 fertiggestellt.

Pleitgen jedenfalls bedient das westliche Narrativ, wonach die Ukraine durch den russischen Angriff geeint worden sei. Eine schöne Erzählung. Die Erzählung setzt er fort, indem er davon spricht, dass die Leute ja »freiwillig« kämpfen. Wie passt das dazu, dass es ukrainischen Männern im wehrfähigen Alter nicht gestattet ist, ihr Land zu verlassen? Wie passen diese Erzählungen zu den vielen Videos im Netz, die zeigen, wie Ukrainer von der Straße zwangsrekrutiert werden?

**Markus Lanz:** [fällt Pleitgen ins Wort] Und was ich so was ist, dass ich das nicht verstehe. Ich will Sie nicht unterbrechen.

**Frederik Pleitgen:** Ich bin der Meinung, dass das die Ukrainer schon jetzt zu diesem Zeitpunkt der Meinung sind, dass sie diesen Angriff auf ihr Land zurückschlagen können.

**Markus Lanz:** Und die sind nach wie vor nicht kriegsmüde, sondern fest entschlossen.

**Anmerkung:** »Heldengesänge«. »Nicht kriegsmüde«, »fest entschlossen«. Das klingt alles so schön. Das sind propagandistisch im Sinne des Krieges aufgeladene Phrasen, die in jedem Krieg und wohl von jeder Kriegspartei zu hören sind.

**Frederik Pleitgen:** Also es ist. Es ist natürlich schon so, dass es im Donbass enorm schwierig ist, weil einfach die Russen natürlich enorme Feuerkraft zusammengezogen haben.

Es ist fast unvorstellbar, was da für Waffen eingesetzt werden. Das ist ja auch eine Sache, die wir noch nicht erwähnt haben. Das sind ja wirklich echt Waffen wie diese thermobarischen Raketen, die einfach die Luft wegsaugen und die Lunge kollabiert absolut ständig. Die werden nur von einer Seite eingesetzt in dem Krieg. Und trotzdem ist es so, dass die Geländegewinne der russischen Armee nicht so groß sind, wie viele Leute denken. Also die marschieren im Donbass leicht vor, aber bei Weitem nicht so schnell, wie man es denkt. Und gleichzeitig ist es halt so, dass die Ukrainer es geschafft haben, die erstens, wie wir wissen, vor Kiew zurückzuschlagen, zweimal zurückzuschlagen und auch im Süden von der Ukraine gar nicht so schlecht dastehen. Also die sind schon in diesem Krieg wesentlich stärker als, als die meisten heute gedacht sind wesentlich besser organisiert und sind auch weiterhin noch hochmotiviert.

**Markus Lanz:** Offensichtlich motiviert. Butscha. Ich sagte, dass Engels [? unverständlich] und sie waren einer der ersten, der erste Journalist, der dort hingekommen ist.

**Frederik Pleitgen:** Ja, der erste weiß man ja nie, aber das wissen wir. Wir waren aber erst Stunden, nachdem die Russen da weg sind, waren wir in Bukarest.

**Markus Lanz:** [fällt Pleitgen ins Wort] Aber einer der ersten. Und ich würde gerne mal wissen wollen: Was haben Sie da gesehen? Und was sind das für Menschen, die so was anderen Menschen antun?

**Frederik Pleitgen:** Ja, das frage ich mich auch. Das ist. Das ist schwer zu sagen.

**Markus Lanz:** Was ist passiert? Was ist das für eine Armee? Was sind das für Soldaten? Was? Was? Was ist das für ein seltsamer Korpsgeist, der da offensichtlich herrscht?

**Frederik Pleitgen:** Es ist. Es ist schwierig, das zu verstehen, nicht ich. Ja. Ja, ist es. Es ist schon schwierig, das zu verstehen oder zu versuchen. Zu verstehen, was, wie, wie so etwas sein kann. Wenn man da durchgefahren ist. Und man hat dann Leichen auf den Straßen gesehen. Auch dieses Massengrab da an einer Kirche in Butcha. Das ist einfach schrecklich, oder? Wir sind da in einen Keller eingeführt worden, wo einfach fünf Leichen lagen, die alle einen Kopfschuss hatten, Arme und Beine zusammengebunden.

Da fragt man sich als ...

**Markus Lanz:** Zivilisten?

**Frederik Pleitgen:** Offensichtlich Zivilisten. Ich meine, das ist natürlich ...

**Markus Lanz:** [fällt Pleitgen ins Wort] Ich frage nur wegen der Angst vor der NATO. Die hatten alle mit der NATO nichts zu tun.

**Frederik Pleitgen:** Die hatten auf jeden Fall alle keine Uniform an.

**Ulrike Guérot:** Können Sie den Zynismus lassen?

**Markus Lanz:** Ne, ist kein Zynismus.

**Ulrike Guérot:** Doch, das ist Zynismus.

**Markus Lanz:** *Das* ist Zynismus.

**Anmerkung:** Wieder richtet sich Lanz gegen Guérot. Der Moderator als Partei.

**Frederik Pleitgen**: Es gab dann Leute, die hatten, die waren vorher in anderen Berufsgruppen, die sind dann, haben sich freiwillig gemeldet, um Leichen, um Leichen einzusammeln. Und ich war mit einem Trupp von denen vielleicht eine halbe Stunde, vielleicht kürzer unterwegs. Und die haben alleine in diesem Zeitraum haben die vier Leichen geborgen, was schwierig war. Aber das war einfach überall so, dass dort, dass dann dort Tote gefunden hat, dass man Tote gefunden hat, die ganz offensichtlich niedergemäht worden sind.

**Anmerkung:** Worauf will Lanz hier hinaus? Dass *die* russischen

Soldaten blutrünstige Aggressoren sind?

Es spricht nichts dagegen, auf mögliche Kriegsverbrechen einer Kriegspartei hinzuweisen. Wenn allerdings einseitig so getan wird, als würde nur eine Kriegspartei auf eine fruchtbare Weise vorgehen, und vor allem: so getan wird, als sei beispiellos brutal, wie russische Soldaten vorgehen, muss man sich den Vorwurf der Einseitigkeit und gegebenenfalls auch der (bewussten) Propaganda gefallen lassen.

In nahezu allen Kriegen ist eine unvorstellbare Barbarei auszumachen. Das zeigt die Geschichte. Und die Taten, die rauskommen und gut dokumentiert sind, dürften nur die Spitze des Eisberges sein.

Ein Beispiel:

*»Die Männer der Tiger Force mähten wehrlose Bauern nieder, schnitten ihren Opfern die Ohren ab und enthaupteten Babys: Monatelang recherchierten Journalisten der amerikanischen Lokalzeitung ›Toledo Blade‹ die blutige Spur der US-Eliteeinheit im Vietnam-Krieg.*

*Richtig ist: In Kriegen passieren unfassbare, schlimmste barbarische Taten. (...)*

*Sieben Monate lang zog die Tiger Force über das vietnamesische Zentral-Hochland und metzelte dabei Dutzende unbewaffneter Zivilisten nieder. Einige Opfer wurden gefoltert und verstümmelt. Diese Gewalttaten waren der amerikanischen Öffentlichkeit bislang unbekannt. Die Männer der Elitetruppe warfen Handgranaten in unterirdische Bunker, in denen sich Frauen und Kinder versteckt hielten, und schufen so Massengräber. Sie erschossen unbewaffnete Zivilisten, die um ihr Leben flehten. Oft folterten und erschossen sie ihre Gefangenen, dann schnitten die Soldaten ihren Opfern die Ohren ab oder skalpierten sie – als Souvenir. Eine Durchsicht von Tausenden von geheimen Armeedokumenten, Unterlagen aus US-Nationalarchiven und Funk-Aufzeichnungen geben Einblicke in die Praktiken einer Kampfeinheit, die die umfangreichste Serie von Gräueltaten im Vietnam-Krieg beging. Die verantwortlichen Kommandeure sahen einfach weg.«*[11]

Konfrontiert man diejenigen, die einem einseitigen Russland-Bashing zugeneigt sind, mit Beispielen dieser Art, erheben sie gerne den Vorwurf »Whataboutism«, sprich: dass man also die Taten der Russen durch Gegenbeispiele auf unangebrachte Weise relativiere bzw. schönrede.

So regelmäßig, wie der Vorwurf erhoben wird, so regelmäßig entbehrt er der Substanz. Die Barbarei der einen macht die Barbarei der anderen nicht besser. Aber auf die Barbarei der »Guten« hinzuweisen durchkreuzt eben die Propaganda derjenigen, die das Vorgehen Russlands als beispiellos brutal in der Öffentlichkeit aufbereiten – aus welchen Gründen auch immer.

**Marie-Agnes Strack-Zimmermann:** Da sind übrigens jetzt Forensiker vor Ort, um Spuren zu sichern.

**Frederik Pleitgen**: Das sind übrigens, wir waren dabei in der Stadt, als die ankam, wo uns Leute in ihr Haus reingerufen haben, gesagt, hier waren russische Soldaten. Und dann lag bei denen im Garten eine Leiche, die überall Blutergüsse auf den Beinen hatten und die die Hände zusammengebunden.

**Anmerkung**: Noch mal: Welchen Beweiswert haben diese Aussagen? »Leute« (welche? Wer genau?) haben »uns« ins Haus gerufen.

Was soll der Zuschauer jetzt aus diesen Aussagen rausziehen?

Fundiert sieht anders aus. Konnte Pleitgen frei an den Ort des Geschehens reisen? Wo war das ukrainische Militär? Gab es, direkt oder indirekt, Einfluss auf Journalisten, die den Ort betraten?

Das sind nur zwei Fragen, die zu stellen und zu beantworten wären.

Anders gesagt: Es geht um *Einordnung*. In einem Krieg gilt es, *alles* zu hinterfragen. Wo ist dieses kritische Hinterfragen bei Lanz?

Wichtig ist an der Stelle: Das Wissen aus den vielen vergangenen Kriegen lehrt uns, dass es natürlich in einem Krieg zu unvorstellbaren Gräueltaten kommt. Auf allen Seiten. Die »Guten«, die »Bösen«: Mord, Folter, Massaker gehören zum Krieg. Das heißt: Zu der Annahme, dass in diesem Krieg beide Seiten (!) furchtbare Verbrechen begangen haben, führt bereits der gesunde Menschenverstand.

**Markus Lanz:** [fällt Pleitgen ins Wort] Das heißt Folter? Mutmaßlich?

**Frederik Pleitgen**: Das heißt, die gibt es natürlich und ein Sack über dem Kopf und eine, eine Patronenhülse daneben. Das sind halt, das sind halt so die Sachen und, und. Aber man, man, man darf das Ganze auch nicht nur auf Butcha, das ist breitflächig Botschaft sozusagen.

**Anmerkung:** Eine völlig fragmentierte Aussage. Wieder: Beweiswert?

**Markus Lanz:** [fällt Pleitgen ins Wort] Die Bilder sind ikonografisch geworden. Und die Frage ist noch mal, was ist das für eine Truppe, was sind das für Leute? Ich meine, so enthemmt, so dermaßen, jede bar jeder Moral. Wie kann man so was machen?

**Anmerkung:** Lanz bespielt die Empörung. Lanz müsste man fragen: Was sind das für, sorry, dumme Fragen? Nach all den furchtbaren Kriegen auf diesem Planeten, nach all dem Meucheln, nach all den Massakern, dem Morden, nach all der unfassbaren Gewalt tut Lanz so, als sei ein barbarisches, unmenschliches Verhalten in Kriegen völlig neu. Beim Zuschauer entsteht der Eindruck: Der »Russe« an sich muss eben furchtbar brutal sein. Als Analyst habe ich keinen Zugang zu Lanz' Innenleben. Es bleibt an dieser Stelle im Unklaren, was Lanz bewegt, diese Fragen auf diese Weise zu stellen. Die noch beste Annahme ist: dass er einfach naiv ist. Aber dann sollte er besser *nicht* vor einem Millionenpublikum Gespräche zu Themen dieser Art führen.

**Frederik Pleitgen**: Es ist ... Es ist kaum, kaum zu erklären. Aber ich muss. Ich. Ich muss. Eine Sache muss ich ...

**Markus Lanz:** [fällt Pleitgen ins Wort] Diese russische Armee.

Wer kämpft da? Was sind das?

**Frederik Pleitgen**: Na ja. Es ist. Es ist. Es ist unheimlich schwierig, weil ich habe drei Jahre lang, ich habe drei Jahre in Russland gelebt. Ich kenne viele Leute aus der russischen Armee. Ich kenne viele Leute aus der russischen Armee, mit denen ich sagen kann, dass ich, dass ich befreundet war mit denen, Freund bin mit denen. Und die für mich auch den Eindruck gemacht haben, dass sie, dass sie stolz waren, in dieser Armee zu dienen. Dass sie auch menschlich keine. Keine Tyrannen waren oder so, was sie eigentlich sehr freundliche Leute waren. Und trotzdem ist das ja offensichtlich dort passiert. Und ich meine, ich, ich weiß nicht, ob das eine Sache ist, die diese gesamte Armee durchzieht, ob das vielleicht eine Einheit war, was unsere Freunde.

**Anmerkung:** Die Ausführungen Pleitgens haben an dieser Stelle zumindest einen gewissen Wert. Die Russen, an und für sich, sind eben natürlich keine Monster. Aber im Krieg, auch aufgrund seiner Eigendynamik, geschehen furchtbare Dinge. Und mehr oder weniger normale Menschen werden dort eben zu Mördern. Und unter der Mehrzahl der Soldaten, von denen wohl die Mehrheit auch lieber zu Hause bei Frau, Kind usw. wäre, gibt es eben auch tatsächlich »Monster«. Das hat aber nichts mit der Nationalität »Russe« zu tun. Es wird immer einen gewissen Anteil an Soldaten geben – auf beiden Seiten –, die auf unvorstellbare Weise unter dem Deckmantel, den die Kriegssituation bietet, auf brutale Weise vorgehen.

Es ist, ehrlich gesagt, einfach ermüdend, grundlegende Erkenntnisse, auf die sich alleine schon durch ein kritisches Nachdenken kommen lässt, breitzutreten, weil die »kompetenten« Gäste einer für viel Geld vom Beitragszahler finanzierten Sendung offensichtlich zu diesen Erkenntnissen keinen Zugang haben.

Dieser Gesprächsblock zeigt auch das Zusammenspiel von Lanz und Pleitgen sehr deutlich. Beide reden über das Grauen in Butscha. Sie reden über die Brutalität, die in diesem Krieg sichtbar wird.

Mit anderen Worten: Sie haben die Gründe für einen friedenspolitischen Einsatz, den Guérot vertritt, vor Augen. Aber die schlimmen Vorfälle öffnen nicht das Blickfeld für die Dringlichkeit der Anwendung friedenspolitischer Grundsätze und Maßnahmen. Vielmehr bewegen sich die Aussagen im Sinne des vorherrschenden Narrativs. Russland wird an den Pranger gestellt, das Bild von brutalen russischen Soldaten steht im Vordergrund.

**Natalie Amiri**: Hast du deine Freunde gefragt, was sie dazu sagen?

**Frederik Pleitgen**: Bislang nicht. Aber es gibt. Es gibt manche, die es natürlich auch davon abwenden. Aber ich meine, wir haben im Moment auch nicht so, so enge Kommunikation, weil es natürlich super schwierig ist für die auch selbst auf sozialen Medien offen darüber zu reden. Aber. Aber klar, das ist natürlich Sachen, die man sich fragt.

**Marie-Agnes Strack-Zimmermann:** Es wird kolportiert, dass aufgrund dieses ... In den ersten Tagen sind ja die Russen ja schwere Verluste hingenommen. Sie glaubten die ja mit Paradeuniform sind sie in ein paar Tagen in Kiew. Da warten dann die Befreiten, von den Nazis Befreiten mit Blumen und Wimpeln. Und so war es nicht. Und dass da auch militärisch unvorstellbare Fehler gemacht worden sind und dieser Hass und dieser Wut, die sich dann auch entlud Zivilisten gegenüber. Und man vermutet schon, dass es eben keine Vorbereitung gab. Wir wissen, dass sehr junge Soldaten erst merkten, dass sie nicht mehr in einer Übung sind, sondern im Krieg, als sie die Grenze passierten und da auch mit etwas konfrontiert worden sind, was sie nicht, womit sie nicht gerechnet haben und sich das eben in diesem unvorstellbaren Hass entlud und offensichtlich auch keine Offiziere sie geführt haben, um so was zu unterbinden.

**Anmerkung:** Strack-Zimmermann kommentiert hier auf eine geradezu spöttische Weise. Zwischen den Zeilen schwingt die

Aussage mit, wie »dumm« die Russen wohl gewesen sein müssen, dass sie glaubten, Kiew einfach mal so einnehmen zu können und die Bevölkerung würde ihnen applaudieren.

**Frederik Pleitgen**: Das ist, das ist auch immer so eine Sache, über die ich oft nachdenke. Also wenn man sich in die Positionen muss, muss man ja auch machen von, von denen hineinversetzt. Als die gemerkt haben, dass die eigentlich in den Fleischwolf geschickt worden sind, weil die russischen oder ich meine, die saßen da und die sind auch, die sind abgemetzelt worden dort, weil es ist ja nicht meines ist. Die haben natürlich diese Sache mit den Zivilisten, das alles passiert, aber die saßen da auch, die sind von den ukrainischen Drohnen abgeschossen worden, die sind von Leuten mit Panzerfäusten, das ist einfach die, die sind einfach von ihrer militärischen Führung in diesen Fleischwolf reingeschickt worden, weil es natürlich klar ist, dass die Ukrainer sich verteidigen. Aber offensichtlich sind da ganz, ganz viele neue Sachen ganz schiefgelaufen in der russischen Armee. Und ich meine, das war, das war die andere. Wenn man sich die Fahrzeuge von den Russen, die zerstört worden sind, die Leute sind dort verbrannt, ja da waren, teilweise waren da wirklich nur kleine Leichen Stücke übrig von den Leuten. Das ist, das ist in den russischen Soldaten dort passiert und gleichzeitig andere Sachen passiert. Ich war mit der Drohneneinheit unterwegs von, von der ukrainischen Territorialverteidigung und, und die haben aufgenommen wie ein russischer Panzer auf Zivilisten geschossen hat.

**Markus Lanz:** Ich meine, es gibt, es gibt einen Punkt und da kommen wir jetzt zu Natalie Amiri, der da gehe ich völlig mit Frau Guérot. Ähm, wenn man irgendwann auf so kleinem oder vergleichsweise kleinem Raum eine solche Konzentration an Waffen hat. Dann kann das sehr schnell sehr gefährlich werden. Und es sind ja nicht nur gute Menschen, an die man dann irgendwann Waffen übergibt, sondern man gibt die Kontrolle ab. Wir liefern Waffen, übergeben die an einem bestimmten Punkt und dann geben wir faktisch die Kontrolle über diese Waffen ab. Und selbst wenn diese Waffen am Anfang vielleicht dafür eingesetzt werden, um sich zu verteidigen. Das Beispiel Afghanistan zeigt: Irgendwann guckt man möglicherweise in die Mündung genau dieser Gewehre, die man irgendwann Jahrzehnte vorher möglicherweise selbst geliefert hat. Was macht das mit einem Land, mit einer Bevölkerung, wenn man sozusagen daraus einen permanenten Krieg macht? Wenn ganze Generationen aufwachsen in Afghanistan zum Beispiel, die nichts anderes kennen als Krieg.

*ANMERKUNG: An dieser Stelle kommt Natalie Amiri zu Wort. Es geht dann im Folgenden um Afghanistan. Diesen Teil haben wir wegen der fehlenden Relevanz für das Buch rausgenommen und steigen nochmal in die Sendung ab dem Punkt ein, wo Guérot wieder zu Wort kommt.*

*Gut: Amiri hat nicht mitgemacht bei der Kritik an Guérot. Schlecht: Sie hat auch nicht eingegriffen, ihr zur Seite gestanden.*

(…)

**Markus Lanz:** Frau Guérot und dann Herr Pleitgen.

**Ulrike Guérot**: Ich würde nur noch mal gerne sagen wollen, das Motto »Wir gehen da rein [Anmerk. MK: gemeint ist Afghanistan] für das Gute«. Am Ende kommt gar nichts Gutes dabei raus. Es wird endlos lange Geld gesteckt in Militär.

**Marie-Agnes Strack-Zimmermann:** Aber das können Sie nicht vergleichen mit der Ukraine.

**Anmerkung:** Natürlich kann man das vergleichen. Gewiss: Die Ukraine ist nicht Afghanistan. Aber im Hinblick auf geostrategische Interessen und Einflüsse der »Guten« und deren Handeln lassen sich durchaus Vergleiche ziehen. Die »Guten« haben sich in der Ukraine eingemischt (siehe zum Beispiel das abgehörte Telefonat von Victoria Nuland (»Fuck the EU«)[12] und sie haben sich über einen sehr langen Zeitraum in innerafghanische Verhältnisse eingemischt. Und überhaupt: Die »Guten« hatten in Afghanistan nichts verloren. Die Taliban hatten angeboten, Osama bin Laden auszuliefern – wenn die USA Beweise vorlegen.[13] Wie es weitergegangen ist, wissen wir. Angeführt seien hier die Ausführungen von Bundesverwaltungsrichter Dieter Deiseroth aus dem Jahr 2009, die in der Frankfurter Rundschau veröffentlicht wurden und uns vor Augen führen, was sich die »internationale Gemeinschaft« mit dem Krieg in Afghanistan geleistet hat:

*»Der UN-Sicherheitsrat hat zu keinem Zeitpunkt autoritativ explizit festgestellt, dass nach den Anschlägen von 9/11 die Voraussetzungen des Art. 51 UN-Charta erfüllt seien. Er hat angesichts des Vorgefallenen lediglich abstrakt auf die Vorschrift des Art. 51 UN-Charta hingewiesen, ohne sich festzulegen. Er hat dabei offengelassen, ob deren Voraussetzungen nach seiner Auffassung im konkreten Fall erfüllt waren.«*[14]

Und weiter in dem Artikel schreibt Deiseroth:

*»Soweit man weitere Tatverdächtige oder Hintermänner in Afghanistan (›safe haven‹) vermutete, hätte man – bei Vorliegen entsprechender konkreter Beweise – ihre Auslieferung betreiben müssen, um sie vor Gericht zu stellen. Denn Art. 2 Nr. 3 der UN-Charta sieht ausdrücklich vor, dass alle Staaten ihre internationalen Streitigkeiten, also auch diejenigen etwa über eine Auslieferung von Tatverdächtigen, ausschließlich durch friedliche Mittel beizulegen haben. Es besteht kein Wahlrecht zwischen einer friedlichen Streitbeilegung (Art. 2 Ziff. 3 UN-Charta) und einer militärischen Gewaltanwendung (Art. 51 UN-Charta), soweit Letztere über die unmittelbare Abwehr eines aktuellen, also gegenwärtigen ›bewaffneten Angriffs‹ hinausgeht. Stattdessen entschied man sich seitens der damaligen US-Regierung, das am 20. September sowie Anfang Oktober 2001 – auch öffentlich – verlautbarte, jedoch nicht näher überprüfte Angebot des Taliban-Regimes auszuschlagen, den angeblichen oder tatsächlichen Drahtzieher von 9/11, Osama Bin Laden oder andere Tatverdächtige an ein ›neutrales islamisches Land‹ auszuliefern oder bei Vorlage geeigneter Beweise dem Internationalen Strafgerichtshof, dem Internationalen Gerichtshof oder einem anderen (ggf. nach dem Lockerbie-Beispiel vertraglich einzurichtenden) internationalen Gericht zu überstellen.«*[15]

**Ulrike Guérot:** Na ja, die Frage ist, womit kann man das vergleichen? Also wir haben ja noch ein paar andere Kriege, wo immer dieses das Motto es gibt keine Strategie, was eigentlich dabei rauskommen soll. Man geht in ein Land, zum Beispiel Irak, Democracy Promotion und am Ende kommt überhaupt nicht »Democracy Promotion« dabei heraus, sondern eigentlich ein Desaster. Ich würde das. Nun mal gerne so stehen lassen wollen, dass wir überhaupt nicht wissen, was bei der Ukraine herauskommen soll.

**Markus Lanz:** In die Ukraine geht ja keiner rein, außer Putin, die, das ist ja eine andere Situation.

**Anmerkung:** Seit wann, lieber Herr Lanz, agiert die CIA in der Ukraine? War das nicht seit: 2015? Also nachdem, was bekannt ist.[16] Und: Ist Ihnen der Begriff Tiefenpolitik geläufig?

**Marie-Agnes Strack-Zimmermann:** Also Naher, Mittleren Osten würde ich wirklich bitte trennen von dem was ist das passiert? Man kann über das, was ich gar nicht sagen, das passiert, was kann man diskutieren. Das hat nichts mit der Situation zu tun, in der die Ukraine gerade ist.

**Anmerkung:** Ja, bitte. Alles trennen. Nichts hat mit nichts zu tun. Und am Ende sind die Guten immer die Guten – weil sie eben die Guten sind. Ein Niveau ...

**Ulrike Guérot:** Die Ukraine gerade ist. Was für mich das ist, wenn der Krieg vorbei ist, sind meistens die Leute traumatisiert und ein Land ist kaputt.

**Anmerkung:** Wieder führt Guérot das Gespräch zum Kern.

[Stimmengewirr]

**Ulrike Guérot:** Das ist aber ganz wichtig, weil das spricht noch dafür, dass, solange wir nicht definieren können, was überhaupt das Ziel ist, wie die Ukraine da rauskommen soll, in welchem Zustand, was die Interessen für Europa sind, so lange macht es praktisch keinen Sinn zu sagen, wir müssen es militärisch gewinnen. Für was? Was soll am Ende stehen? Das ist meine Frage.

**Anmerkung:** Guérot formuliert rasch ihre Gedanken aus, adressiert zentrale Fragen, zum Beispiel die einer europäischen Friedensordnung. Aber Lanz ...

**Markus Lanz**: [fällt Guérot ins Wort] Wir drehen uns hier im Kreis.

**Anmerkung**: Nein, mit diesen Fragen wird sich nicht im Kreis gedreht. Die Fragen müssten vonseiten des Moderators aufgegriffen und kritisch in Richtung Strack-Zimmermann gestellt werden (inklusive kritischem Nachhaken).

**Marie-Agnes Strack-Zimmerman:** [fällt Guérot ins Wort] Integrität der Grenzen.

**Ulrike Guérot**: Angefangen mit einer Friedensordnung. Es ist ein Friedensprojekt und das Friedensprojekt hat damit funktioniert, dass wir ...

**Markus Lanz:** [unterbricht Guérot] Europa hat damit angefangen, sagen Sie?

**Ulrike Guérot**: Europa ist ein Friedensprojekt. Das erzählen wir seit 70 Jahren. Und das, was Europa als Friedensprojekt hat, ist, dass wir sagen, dass wir nationale Souveränität und nationale Grenzen aufgegeben haben in einer kollektiven Sicherheitsordnung.

[Stimmengewirr]

**Markus Lanz:** Entschuldigung ganz kurz vielleicht, vielleicht führt uns der Weg ... Der Blick nach Afghanistan führt vielleicht auch. Vielleicht gibt es da ein Etwas, was man lernen kann, nämlich die Frage: Was haben wir? Herr Pleitgen Sie waren ja auch viel in Afghanistan unterwegs. Und auch gleich noch die Frage an Natalia Amiri auch dazu: Was haben wir dort nicht verstanden? Also wenn es um Strukturen geht, ist es sozusagen die diese naive Vorstellung, Omid Nouripour, der ein sehr erfahrener Außenpolitiker ist, der Grünen Parteichef, der sagte, es gab diese Wahl irgendwann 2014. So. Bei der man einfach Amerikaner, wer auch immer es gemacht hat, das Wahlergebnis ignoriert hat.

...........

**Markus Lanz:** Also ich empfehle sehr, Ihr Buch zu lesen, und deswegen wollten wir heute auch mal den Blick darauf werfen und sind am Ende der Sendung. Frau Guérot, gucken Sie mich bitte nicht so vorwurfsvoll an, wir holen alles andere nach, gleich hinter den Kulissen und möglicherweise in einer zweiten Sendung. Vielen Dank. Wir haben mich ganz herzlich bei Natalie Amiri, bei Agnes Strack-Zimmermann und bei Frederik Pleitgen. Vielen, vielen Dank! Jetzt die Kollegen vom heute journal Update und wir sind am Dienstag wieder für Sie da. Bis dahin. Danke. Tschüss.

**Anmerkung:** »Frau Guérot, gucken Sie mich bitte nicht so vorwurfsvoll an ...«

Dieses Schlusswort von Markus Lanz bedarf keiner Kommentierung. Es steht für sich ...

Nur noch: Mit der Aussage »wir holen alles andere nach« gibt Lanz im Grunde genommen zu, dass er Guérot zu zentralen Fragen und Sachverhalten hat nicht zu Wort kommen lassen.

# Danksagung

Ein großes Dankeschön gilt den Autoren und Beiträgern dieses Bandes.

Anke Behrend, Jan David Zimmermann, Ole Skambraks, Patrick Reitler, Roberto J. De Lapuente und Tobias Riegel haben in kurzer Zeit tolle Beiträge abgeliefert. Jeder von ihnen kennt die Diskussion rund um die »Umstrittenen«. Ihr Blick und ihr Wissen haben prägnant die jeweiligen Fälle anschaulich dargestellt.

Ein Dank gilt auch dem Verlag, der dieses Projekt ermöglicht hat, sowie auch dem Lektor Tobias Keil, der immer wieder mit Rat und Tat zur Seite stand. Und zuletzt noch ein Dankeschön an Roberto J. De Lapuente, der im Hintergrund die Bucharbeit unterstützt hat.

Vielen Dank an alle!

# Anmerkungen

## EINLEITUNG

1 Jens Berger: Lasst uns »umstritten« sein. 07.03.2023. NachDenkSeiten. https://www.nachdenkseiten.de/?p=94719 abgerufen am: 23.10.2023.
2 Vgl.: Marcus Klöckner: Zombie Journalismus. Was kommt nach dem Tod der Meinungsfreiheit? Rubikon. 24.08.2021.
3 Buch von Patrik Baab: Auf beiden Seiten der Front. Meine Reisen in die Ukraine. FiftyFifty. 09.10.2023.
4 Vgl.: Marcus Klöckner: Sabotierte Wirklichkeit – wenn Journalismus zur Glaubenslehre wird. Westend. 14.10.2019.
5 Ebd. S. 193 ff.
6 Christian Vooren: Fünf vor acht / Corona-Pandemie: Die Gesellschaft muss sich spalten! Eine Kolumne von Christian Vooren. 19.11.2021. https://www.zeit.de/gesellschaft/zeitgeschehen/2021-11/corona-pandemie-querdenker-impfgegner-gesellschaft-spaltung-5v8, abgerufen am: 20.10.2023. Vooren schrieb unter anderem: »Was es jetzt braucht, ist nicht mehr Offenheit, sondern ein scharfer Keil. Einer, der die Gesellschaft spaltet. Wenn davon die Rede ist, entsteht schnell ein Zerrbild im Kopf, als würde das Land in zwei gleich große Teile zerfallen. Doch so ist es nicht. Richtig und tief eingeschlagen, trennt er den gefährlichen vom gefährdeten Teil der Gesellschaft.«
7 Katrin Göring-Eckhardt: Twitter., online unter: https://twitter.com/GoeringEckardt/status/1706590601595003348, abgerufen am 20.10.23.
8 Marcus Klöckner: »Anne Will arbeitet mit einer bösartigen Unterstellung«, so Michael Lüders im NDS-Interview. 15.04.2017. https://www.nachdenkseiten.de/?p=37845, abgerufen am: 20.10.2023. Und: Marcus Klöckner: Urteil vollstreckt: Michael Lüders ist »umstritten«. Telepolis. 25.04.2017. https://www.telepolis.de/features/Urteil-vollstreckt-Michael-Lueders-ist-umstritten-3693138.html, abgerufen am: 20.10.2023
9 Bücher in Sachen Medienkritik: Uwe Krüger: Meinungsmacht. Der Einfluss von Eliten auf Leitmedien und Alpha-Journalisten – eine kritische Netzwerkanalyse (2013 Halem), Udo Ulfkotte, Gekaufte Journalisten. Wie Politiker, Geheimdienste und Hochfinanz DeutschlandsMassenmedien lenken (2014 Kopp-Verlag)), Ulrich Teusch, Lückenpresse. Das Ende des Journalismus, wie wir ihn kannten (2016 Westend), Jens Wernicke, Lügen die Medien? Propaganda, Rudeljournalismus und der Kampf um die öffentliche Meinung (2017 Rubikon),

Michael Meyen, Breaking News: Die Welt im Ausnahmezustand. Wie uns die Medien regieren (2018 Westend) und Die Propaganda-Matrix. Der Kampf für freie Medien entscheidet über unsere Zukunft (2021 Rubikon) usw.

10 Ulrike Guérot: Wer schweigt, stimmt zu. Über den Zustand unserer Zeit. Und darüber, wie wir leben wollen. Westend. 07.03.2022

11 Vgl.: Marcus Klöckner, Jens Wernicke: Möge die gesamte Republik mit dem Finger auf sie zeigen. Das Corona-Unrecht und seine Täter. Rubikon. 7. November 2022.

12 Ebd.

13 Ebd.

14 Elke Boderas: Im Nachgang der Pandemie. Die betreute Meinungsbildung bei der Corona-Aufarbeitung. WELT.de 20.10.23 https://www.welt.de/politik/deutschland/plus248102026/Im-Nachgang-der-Pandemie-Die-betreute-Meinungsbildung-bei-der-Corona-Aufarbeitung.html, abgerufen am: 0211.23.

15 Ebd.

16 Ebd.

17 Ebd.

18 Stefan Homburg:

19 Vgl.: Marcus Klöckner: Ein Journalismus, nahe an der Grenze zur Manipulation. Telepolis. 30.12.2015. https://www.telepolis.de/features/Ein-Journalismus-nahe-an-der-Grenze-zur-Manipulation-3377435.html?seite=all, abgerufen am: 20.10.2023.

20 Gunther Latsch: Die dunkle Seite des Westens. Der Spiegel. 15/2015. https://www.spiegel.de/politik/die-dunkle-seite-des-westens-a-4c36b621-0002-0001-0000-000039997525, abgerufen am: 20.10.2023

21 Lars Wienand: Deutsche Helfer in der Ostukraine. Scheinreferendum, hurra! t-online.de 27.09.2022. https://www.t-online.de/nachrichten/ukraine/id_100057900/deutsche-helfer-in-der-ostukraine-scheinreferendum-hurra-.html, abgerufen am: 15.10.2023.

22 Interessierte Leser sei auf Skambraks Internetseite https://meinungsvielfalt.jetzt verwiesen. Außerdem ein Hinweis auf seinen Beitrag »Ich kann nicht mehr«, erschienen auf Multipolar. https://multipolar-magazin.de/artikel/ich-kann-nicht-mehr, abgerufen am: 23.10.2023.

23 Verwiesen sei an dieser Stelle auf das Buch von Jan David Zimmermann »Lethe« Vom Vergessen des Totalitären. Politische Essays von 2021–2022. Lars vobiscum. 27.10.2023.

24 Süddeutsche Zeitung: Aichach: Mediziner bekräftigt Kritik an Corona-Politik. 06.11.2020. https://www.sueddeutsche.de/bayern/bayern-aichach-amtsarzt-corona-kritik-1.5106779 [Zugriff: 25.11.2023]

## Stefan Homburg – »umstritten«, weil er Coronastatistiken hinterfragt hat (Patrick Reitler)

1 https://www.stefan-homburg.de/images/bild_3.jpg, abgerufen am: 03.11.2023.

2 Entnommen aus einer im September 2023 geführten privaten E-Mail-Korrespondenz mit Prof. Stefan Homburg

3 https://diskussionspapiere.wiwi.uni-hannover.de/pdf_bib/dp-671.pdf, abgerufen am: 03.11.2023.

4 https://www.welt.de/wirtschaft/plus207258427/Schweden-als-Vorbild-Finanz wissenschaftler-gegen-Corona-Lockdown.html?cid=onsite.onsitesearch& ticket=ST-A-223890-lcmB56Su5rrNDzsNff6u-sso-signin-server, abgerufen am: 03.11.2023.

5 Entnommen aus einer im September 2023 geführten privaten E-Mail-Korrespondenz mit Prof. Stefan Homburg

6 https://www.youtube.com/watch?v=Vy-VuSRoNPQ, abgerufen am: 03.11.2023.

7 https://correctiv.org/faktencheck/2020/04/22/faktencheck-zu-stefan-homburg-warum-seine-argumente-zur-reproduktionszahl-des-coronavirus-zu-kurz-greifen/, abgerufen am: 03.11.2023.

8 https://wirtschaftlichefreiheit.de/wordpress/?p=27277, abgerufen am: 03.11.2023.

9 https://uebermedien.de/48856/von-welt-experten-und-wirklichen-fachleuten, abgerufen am: 03.11.2023.

10 https://www.youtube.com/watch?v=9CcT250d50I&t=26s, abgerufen am: 03.11.2023.

11 https://www.sueddeutsche.de/wirtschaft/corona-verschwoerung-stefan-hom burg-1.4906380?reduced=true, abgerufen am: 03.11.2023.

12 https://correctiv.org/aktuelles/klimawandel/2020/05/20/die-dagegen-lobbyis ten/, abgerufen am: 03.11.2023.

13 https://www.achgut.com/artikel/Drei_Jahre_Coronakrise_und_kein_Ende, abgerufen am: 03.11.2023.

14 https://twitter.com/SHomburg/status/1262097269295382528, abgerufen am: 03.11.2023.

15 Entnommen aus einer im September 2023 geführten privaten E-Mail-Korrespondenz mit Prof. Stefan Homburg

16 https://gj-nds.de/wp-content/uploads/2020/05/OffenerBrief_Homburg.pdf, abgerufen am: 03.11.2023.

17 https://www.welt.de/wirtschaft/plus207258427/Schweden-als-Vorbild-Finanz wissenschaftler-gegen-Corona-Lockdown.html?cid=onsite.onsitesearch& ticket=ST-A-223890-lcmB56Su5rrNDzsNff6u-sso-signin-server abgerufen am: 03.11.2023.

18 https://www.rnd.de/wirtschaft/leibniz-uni-hannover-professor-stefan-homburg-wirft-studenten-nach-kritik-aus-seiner-vorlesung-6WWKKFXSBNEZZBE52 C7CAMURZM.html, abgerufen am: 03.11.2023.

19 Entnommen aus einer im September 2023 geführten privaten E-Mail-Korrespondenz mit Prof. Stefan Homburg

20 https://taz.de/Protest-gegen-Prof-Homburg/!5684972/, abgerufen am: 03.11.2023.

21 https://www.uni-hannover.de/de/universitaet/aktuelles/online-aktuell/details/ news/gemeinsame-stellungnahme-des-senates-des-praesidiums-und-des-hoch schulrates-der-gottfried-wilhelm-le/, abgerufen am: 03.11.2023.

22 https://www.sueddeutsche.de/wirtschaft/professor-homburg-leibniz-universi taet-hannover-corona-1.4917681, abgerufen am:11.2023.

23 Entnommen aus einer im September 2023 geführten privaten E-Mail-Korrespondenz mit Prof. Stefan Homburg, abgerufen am: 03.11.2023.

24 https://taz.de/Protest-gegen-Prof-Homburg/!5684972/ abgerufen am: 03.11.2023.
25 https://www.tagesspiegel.de/politik/ein-wirtschaftsprofessor-als-raunender-corona-kritiker-4169542.html, abgerufen am: 03.11.2023.
26 https://www.tagesspiegel.de/politik/ein-wirtschaftsprofessor-als-raunender-corona-kritiker-4169542.html, abgerufen am: 03.11.2023
27 http://www.muslim-markt.de/interview/2020/homburg.htm, abgerufen am: 03.11.2023
28 Entnommen aus einer im September 2023 geführten privaten E-Mail-Korrespondenz mit Prof. Stefan Homburg
29 https://www.wiwi.uni-hannover.de/de/news-veranstaltungen/news/aktuelles-detailansicht/news/prof-dr-stefan-homburg-geht-nach-24-jahren-an-der-leibniz-universitaet-hannover-in-den-ruhestand/, abgerufen am: 03.11.2023.
30 Entnommen aus einer im September 2023 geführten privaten E-Mail-Korrespondenz mit Prof. Stefan Homburg
31 Entnommen aus einer im September 2023 geführten privaten E-Mail-Korrespondenz mit Prof. Stefan Homburg
32 https://www.youtube.com/watch?v=GH3ZgHVqIoM&t=77s, abgerufen am: 03.11.2023
33 Entnommen aus einer im September 2023 geführten privaten E-Mail-Korrespondenz mit Prof. Stefan Homburg
34 Entnommen aus einer im September 2023 geführten privaten E-Mail-Korrespondenz mit Prof. Stefan Homburg
35 https://www.youtube.com/watch?v=d_-hoTevK44, abgerufen am: 03.11.2023.
36 Entnommen aus einer im September 2023 geführten privaten E-Mail-Korrespondenz mit Prof. Stefan Homburg
37 Entnommen aus einer im September 2023 geführten privaten E-Mail-Korrespondenz mit Prof. Stefan Homburg
38 https://www.aerzteklaerenauf.de/thekengespraeche/ly-homburg/index.php, abgerufen am: 03.11.2023.
39 https://www.auf1.tv/nachrichten-auf1/prof-homburg-widersprueche-und-luegen-aus-politik-und-medien-werden-jetzt-entlarvt, abgerufen am: 03.11.2023.
40 https://correctiv.org/faktencheck/2021/03/03/interview-mit-stefan-homburg-von-april-2020-kursiert-erneut-seine-behauptungen-darin-sind-falsch/, abgerufen am: 03.11.2023.
41 https://www.volksverpetzer.de/analyse/homburg-faktencheck-unserioes/, abgerufen am: 03.11.2023.
42 Entnommen aus einer im September 2023 geführten privaten E-Mail-Korrespondenz mit Prof. Stefan Homburg

## Daniele Ganser – »umstritten«, weil er ein unbequemer Historiker ist (Tobias Riegel)

1 https://www1.wdr.de/nachrichten/ruhrgebiet/aerger-auftritt-daniele-ganser-dortmund-100.html
2 https://www.zdf.de/nachrichten/politik/daniele-ganser-ukraine-hannover-historiker-100.html, abgerufen am: 03.11.2023.

3 https://www.ndr.de/nachrichten/niedersachsen/Umstrittener-Historiker-Wer-ist-Daniele-Ganser,ganser114.html, abgerufen am: 03.11.2023.
4 https://www.deutschlandfunk.de/roger-schawinski-verschwoerung-100.html, abgerufen am: 03.11.2023.
5 https://www.rnd.de/panorama/daniele-ganser-verschwoerungserzaehler-und-russland-freund-geschaeftsmodell-spaltung-64VRCEW2HZHOHPHIZO5MMBPEKI.html, abgerufen am: 03.11.2023.
6 https://www.faz.net/aktuell/rhein-main/daniele-ganser-in-offenbach-der-star-der-putin-versteher-18722288.html, abgerufen am: 03.11.2023.
7 https://www.t-online.de/region/stuttgart/id_100146112/deutliche-worte-daniele-ganser-ein-putin-troll-auf-globuli-.html, abgerufen am: 03.11.2023.
8 https://www.stuttgarter-zeitung.de/inhalt.ob-zum-geplanten-ganser-auftritt-in-leinfelden-ich-halte-mich-ans-grundgesetz.049eb9c7-d0da-4a55-8719-d37dd073997a.html?reduced=true, abgerufen am: 03.11.2023.

## Patrik Baab – »umstritten«, weil er Journalismus wagt (Roberto J. de Lapuente)

1 https://www.t-online.de/nachrichten/ukraine/id_100057900/deutsche-helfer-in-der-ostukraine-scheinreferendum-hurra-.html, abgerufen am: 03.11.2023.
2 https://www.spiegel.de/wirtschaft/ukraine-reise-frueherer-ndr-redakteur-verliert-lehrauftraege-a-f00c815e-f925-4e6f-a7fd-12f3946dc337, abgerufen am: 03.11.2023.
3 https://www.shz.de/deutschland-welt/schleswig-holstein/artikel/ndr-prueft-reise-von-patrik-baab-zu-den-scheinreferenden-43272409, abgerufen am: 03.11.2023.
4 https://www.welt.de/politik/plus241363835/NDR-Journalist-Patrik-Baab-bei-Scheinwahlen-in-der-Ostukraine-Ansichten-eines-Grenzgaengers.html, abgerufen am: 03.11.2023.
5 https://www.ndr.de/fernsehen/sendungen/zapp/Umstrittener-Kritiker,zapp13906.html, abgerufen am: 03.11.2023.
6 Patrik Baab: *Auf beiden Seiten der Front. Meine Reisen in die Ukraine*, Frankfurt am Main, 2023
7 https://www.hmkw.de/news/stellungnahme, abgerufen am: 03.11.2023.
8 Urteilsbegründung, Schleswig-Holsteinisches Verwaltungsgericht, Az 9 A 167/22
9 https://www.t-online.de/nachrichten/ukraine/id_100215272/ex-ndr-journalist-loest-streit-aus-ist-er-ein-russland-unterstuetzer-oder-kritischer-reporter-.html, abgerufen am: 03.11.2023.

## Michael Meyen – umstritten, weil er als Professor Mainstreammedien kritisiert (Ole Skambraks)

1 Michael Meyen: *Das Erbe sind Wir. Warum die DDR-Journalistik zu früh beerdigt wurde. Meine Geschichte*. Herbert von Halem, Köln 2020, S. 23
2 Michael Meyen: *Wie ich meine Uni verlor*. Edition Ost, Berlin 2023, S. 85
3 ibid. S. 51 ff.

4 Michael Meyen: Medienrealität. https://medienblog.hypotheses.org/, abgerufen am 15.10.2023.

5 Daria Gordeeva & Lennard Cramer: SZ-Nacht der Deutungshoheit. In: Michael Meyen (Hrsg.): Medienrealität 2019. https://medienblog.hypotheses.org/6386 (Abgerufen am: 15.10.2023)

6 Sebastian Krass: *LMU München. Ein Blog, der Unmut auslöst.* Süddeutsche.de 25.05.2020. https://www.sueddeutsche.de/muenchen/lmu-muenchen-professor-verschwoerungstheorien-1.4917222, abgerufen am 15.10.2023.

7 Marcus Klöckner: »Süddeutsche«: Anklageschrift in Nachrichtenform gegen kritischen Professor. Telepolis vom 01.06.2020. Heise Medien GmbH & Co. KG, https://www.telepolis.de/features/Sueddeutsche-Anklageschrift-in-Nachrichten-form-gegen-kritischen-Professor-4770614.html, abgerufen am 08.10.2023.

8 Sandra Demmelhuber: *Ken Jebsen als Quelle – Wie soll Wissenschaft sein?* BR24 vom 15.07.2021. Bayerischer Rundfunk, https://www.br.de/nachrichten/bayern/ken-jebsen-als-quelle-wie-soll-wissenschaft-sein,SZwAIJN, abgerufen am 15.10.2023.

9 Münchner Merkur: *Münchner Professor nennt Verschwörungstheoretiker als Quelle – Wie weit darf Wissenschaftsfreiheit gehen?* Merkur.de vom 16.07.2021. Münchener Zeitungs-Verlag GmbH & Co. KG, https://www.merkur.de/bayern/bayern-muenchen-lmu-professor-verschwoerungstheoretiker-wissenschaftsfreiheit-zr-90865472.html, abgerufen am 15.10.23.

10 Markus Fiedler: *Die dunkle Seite der Wikipedia.* Apolut, https://apolut.net/kenfm-zeigt-die-dunkle-seite-der-wikipedia/, abgerufen am 03.11.23.

11 Michael Meyen: *Ein offener Brief an den BR.* In: Michael Meyen (Hrsg.): Medienrealität 2021, https://medienblog.hypotheses.org/9922, abgerufen am 08.10.2023.

12 Paul Hildebrandt: *Ein Prof driftet ab,* in *Zeit Campus* vom 08.02.2022. Zeitverlag Gerd Bucerius GmbH & Co. KG, Hamburg

13 Lisa Duhm: *Prof. Dr. Kokolores.* In *Spiegel* 22/2023 vom 30.05.2023. Der Spiegel GmbH & Co. KG, https://www.spiegel.de/panorama/bildung/guerot-bhakdi-meyen-der-hilflose-umgang-der-hochschulen-mit-querdenker-professoren-a-418437c4-c290-4c4a-baee-e0d1a1a83f5e, abgerufen am 08.10.2023.

14 Linkes Bündnis gegen Antisemitismus München: *Michael Meyen und das Antisemitismusproblem an der LMU München.* lbga-muenchen.org vom 01.12.2020. Linkes Bündnis gegen Antisemitismus München, c/o Grüne Jugend München (Hrsg.), https://lbga-muenchen.org/2020/12/01/michael-meyen-und-das-antisemitismusproblem-an-der-lmu-munchen/, abgerufen am 08.10.2023.

15 Alexander Spöri: *LMU-Professor droht Disziplinarverfahren.* T-online vom 26.05.2023. Ströer Digital Publishing GmbH, https://www.t-online.de/region/muenchen/id_100182334/-querdenker-skandal-uni-muenchen-lmu-professor-droht-disziplinarverfahren.html, abgerufen am 08.10.23.

16 Michael Meyen: *Wie ich meine Uni verlor.* Edition Ost, Berlin 2023, S. 60

17 Patrick Guyton: *Beamter im Schwurbelmodus.* taz.de vom 20.07.2023. taz Verlags u. Vertriebs GmbH, https://taz.de/Disziplinarverfahren-gegen-LMU-Professor/!5945218/, abgerufen am 08.10.23.

18 *Süddeutsche Zeitung: Umstrittener LMU-Professor nicht mehr Mitherausgeber von »Querdenker«-Zeitung.* In *Süddeutsche Zeitung* vom 20.04.23. Süddeutsche Zeitung GmbH, https://www.sueddeutsche.de/muenchen/michael-meyen-

querdenker-demokratischer-widerstand-mitherausgeberschaft-verfassungs schutz-1.5811030 (abgerufen am 07.10.23). Alexander Spöri: *Markus Blume äußert sich zu umstrittenem LMU-Professor.* t-online vom 30.03.2023. Ströer Digital Publishing GmbH, https://www.t-online.de/region/muenchen/id_100153216/lmu-professor-und-querdenker-michael-meyen-markus-blume-aeussert-sich.html, Abgerufen am 08.10.23.

19 Michael Meyen: *Habitus der Arroganz.* Manova vom 28.04.2023. Initiative zur Demokratisierung der Meinungsbildung gGmbH, https://www.manova.news/artikel/habitus-der-arroganz/, abgerufen am 07.10.23.

20 Sebastian Kress: *Uni-Professor gibt Querdenker-Zeitung heraus.* In *Süddeutsche Zeitung* vom 31.03.23. *Süddeutsche Zeitung GmbH,* https://www.sueddeutsche.de/muenchen/muenchen-lmu-michael-meyen-querdenker-zeitung-demokra tischer-widerstand-1.5778905?reduced=true, abgerufen am 7.10.23.

21 Michael Meyen: *Wie ich meine Uni verlor.* Edition Ost, Berlin 2023, S. 78.

22 Paul Schreyer: *Ein Professor soll weg.* Multipolar vom 10.02.22. Stefan Korinth, Paul Schreyer und Ulrich Teusch (Hrsg.), https://multipolar-magazin.de/artikel/ein-professor-soll-weg, abgerufen am 07.10.2023.

23 Anselm Lenz und Hendrik Sondenkamp: *Das Zeitungswunder: Medienprofessor Michael Meyen wird Herausgeber des DW!.* Anselm Lenz und Hendrik Sondenkamp (Hrsg.): Demokratischer Widerstand. YouTube, 19.03.2023, https://www.youtube.com/watch?v=vVDz-Nf8Dsw, abgerufen am 08.10.2023.

24 Alexander Wallasch: *35 Prozent der Leser von »DW« sind für Todesstrafe gegen Verantwortliche des Corona-Regimes.* Alexander Wallasch (Hrsg.): alexander-wallasch.de, 28.11.2022, https://www.alexander-wallasch.de/gesellschaft/35-prozent-der-leser-von-dw-sind-fuer-todesstrafe-gegen-verantwortliche-des-corona-regimes, abgerufen am 08.10.2023. Demokratischer Widerstand: *Umfrage.* Anselm Lenz und Hendrik Sondenkamp (Hrsg.): Telegram, 11.05.2022. https://t.me/DemokratischerWiderstandTelegram/8076, abgerufen am 08.10.2023.

25 Michael Meyen: *Wie ich meine Uni verlor.* Edition Ost, Berlin 2023, S. 87.

26 Paul Hildebrandt: *Ein Prof driftet ab,* in *Zeit Campus* vom 08.02.2022. Zeitverlag Gerd Bucerius GmbH & Co. KG, Hamburg.

27 Michael Meyen: *Ken Jebsen und das Establishment.* In: Michael Meyen (Hrsg.): Medienrealität 2018, https://medienblog.hypotheses.org/2668, abgerufen am 07.10.2023.

28 Paul Hildebrandt: *Ein Prof driftet ab,* in *Zeit Campus* vom 08.02.2022. Zeitverlag Gerd Bucerius GmbH & Co. KG, Hamburg.

29 Michael Meyen: *Die Definitionsmacht der Kommunikationswissenschaft. Ein Plädoyer für eine »wissenschaftsgeschichtliche Besinnungspause« und eine Replik auf »Woher kommt und wozu führt Medienfeindlichkeit?«, M&K 3/2018,* in M & K, Medien und Kommunikationswissenschaft, Leibniz-Institut für Medienforschung, 67. Jahrgang, Heft 1, 2019, S. 77–87.

30 Michael Meyen: *Das Erbe sind Wir. Warum die DDR-Journalistik zu früh beerdigt wurde. Meine Geschichte.* Herbert von Halem, Köln 2020, S. 16.

31 Michael Meyen: *Ein offener Brief an den BR.* In: Michael Meyen (Hrsg.): Medienrealität 2021. https://medienblog.hypotheses.org/9922, abgerufen am 08.10.2023.

32 Michael Meyen: *Das Erbe sind Wir. Warum die DDR-Journalistik zu früh beerdigt wurde. Meine Geschichte.* Herbert von Halem, Köln 2020, S. 13.

33 Michael Meyen: *Die Propaganda Matrix. Der Kampf für freie Medien entscheidet über unsere Zukunft.* Rubikon, München 2021, S. 214.
34 Michael Meyen: *Wie ich meine Uni verlor.* Edition Ost, Berlin 2023, S. 85.

## Ulrike Guérot – »doppelt umstritten«, weil sie mit allen redet (Jan David Zimmermann)

1 Eine simple Google-Recherche am 08.10.2023 findet 2850 Ergebnisse zum Schlagwort »ulrike guerot umstritten«.
2 Vgl. https://www.nzz.ch/international/an-der-politikwissenschafterin-ulrike-guerot-scheiden-sich-die-geister-ld.1713770?reduced=true, abgerufen am 08.10.2023.
3 Vgl. https://www.deutschlandfunk.de/debatte-um-allesdichtmachen-guerot-es-gibt-keinen-raum-mehr-100.html, abgerufen am 08.10.2023.
4 Zitat: »In dem Zusammenhang. Also wir haben den russischen Angriffskrieg. (…) Wir hatten vorher und haben immer noch einen ukrainischen Bürgerkrieg. Wir haben mindestens mal einen Informationskrieg, wir haben einen Proxykrieg. Dieser Proxykrieg ist irgendwo eine Amerika-China-Auseinandersetzung und wir haben, das wird zumindest in der globalen Presse so gesehen, längst einen Stellvertreterkrieg USA, Russland oder eben NATO, Russland.« – https://www.youtube.com/watch?v=jk-boUZmhoY, abgerufen am 08.10.2023, ca. ab Minute 10:52.
5 Vgl. »Ihre Thesen zum russischen Angriffskrieg ähneln denen von Ganser. Auch sie sieht die USA als Hauptverantwortliche für den Krieg, sagt Martin Aust, Professor für Osteuropäische Geschichte an der Universität Bonn.« – https://www.tagesschau.de/faktenfinder/ganser-guerot-krone-schmalz-101.html, abgerufen am 08.10.2023.
6 Die Politologin ist derzeit im Rechtsstreit mit der Universität Bonn bzgl. ihrer Kündigung, weswegen an dieser Stelle nicht weiter darauf eingegangen werden kann.
7 https://www.faz.net/aktuell/feuilleton/debatten/ulrike-guerot-ist-eine-heldin-der-querdenkerszene-in-ihrem-buch-plagiiert-sie-18079968.html, abgerufen am 08.10.2023.
8 https://www.faz.net/aktuell/feuilleton/debatten/ulrike-guerot-weitere-plagiate-bei-bonner-professorin-gefunden-18086527.html, abgerufen am 08.10.2023.
9 Vgl. https://futurezone.at/science/goldenes-brett-vorm-kopf-ulrike-guerot-unfug-verschwoerungstheorien-querdenker-corona-bill-gates/402620120, abgerufen am 08.10.2023, wo erneut auf ihr Buch »Wer schweigt, stimmt zu« (2022) Bezug genommen wird: »Manchmal würden ihre Slogans auch bedrohlich klingen, etwa wenn man sich um Leute wie Anthony Fauci und Bill Gates ›kümmern‹ und ›die dunklen Gestalten von Pfizer und Co.‹ ›nicht entkommen‹ lassen solle.«
10 Vgl. https://dictionary.cambridge.org/de/worterbuch/englisch/centrism, abgerufen am 08.10.2023.
11 Auf dem Telegramkanal des österreichischen Rechtsextremisten Martin Rutter wird etwa gegen die Politikwissenschaftlerin folgendermaßen gehetzt: »Möchte sich Guérot in den Widerstand einkaufen? Globalistin Guérot sagt genau in dieser Szene, sie möchte keine Systemveränderung, sondern ›die alternativen

Medien ins System integrieren‹! [... Passend dazu hat Guérot ein eigenes ›European Citizens Radio‹ [.... und sitzt als einzige im Beirat der neu gegründeten Zeitschrift Strichpunkt (sic!) [..... Wie viel Geld sie sonst noch verteilt hat, ist derzeit unklar!« – https://www.t.me/s/martinrutter?q=guerot, abgerufen am 08.10.2023.

12 Vgl. Das Gespräch von Guérot mit Ulrike Stockmann: https://www.youtube.com/watch?v=LWwCJI7CqJ8, abgerufen am 08.10.2023.

13 Ulrike Guérot, Hauke Ritz: Für ein Europa jenseits der EU. In Memoriam: 20 Jahre Europäischer Verfassungsvertrag. Ars vobiscum 2023.

14 Vgl. Amory Gethin, Clara Martinez Toledano, Thomas Piketty: Brahmin Left vs. Merchant Right. Changing Political Cleavages in 21 Western Democracies 1948–2020. In: The Quarterly Journal of Economics, Vol 137/1, 2022, S. 1–48. Der Zusammenhang von linkem Brahmanen und rechtem Kaufmann ist etwas komplizierter als von mir hier dargestellt, kann aber aus Platzgründen nicht weiter besprochen werden. Eine gute kurze Zusammenfassung gibt es hier: https://neuezeit.at/der-rechte-kaufmann-und-sein-linker-brahmane-2/, abgerufen am 08.10.2023.

15 Vgl. Pierre Bourdieu: Die verborgenen Mechanismen der Macht. VSA, Hamburg 1992.

16 Die gesamte Aufzeichnung findet sich hier: https://www.youtube.com/watch?v=CjKmbh28VRs, abgerufen am 08.10.2023.

17 Eine umfassende Darstellung dieses »heiteren« Abends habe ich im Stichpunkt-Magazin vorgelegt: https://stichpunkt-magazin.com/die-gegenwaertigen-feinde-der-offenen-gesellschaft/, abgerufen am 08.10.2023.

18 Vgl. https://www.youtube.com/watch?v=CjKmbh28VRs, abgerufen am 08.10.2023.

19 Es gibt einen rechtsextremen Telegramkanal mit Namen »Globalistenjäger«, der in seinem Logo ein Fadenkreuz hat. Auch Guérot wird in diesem Kanal immer wieder diffamiert. Vgl. t.me/globalistenjaeger, abgerufen am 08.10.2023.

20 Vgl. https://www.swr.de/wissen/corona-pandemie-herdenimmunitaet-nicht-realistisch-100.html, abgerufen am 08.10.2023.

21 Vgl. https://www.oeaw.ac.at/news/oeaw-fordert-mehr-tempo-beim-impfen-1, abgerufen am 08.10.2023.

## Dr. Friedrich Pürner – umstritten, weil er sagte, was er denkt (Anke Behrend)

1 https://www.sueddeutsche.de/bayern/aichach-amtsarzt-puerner-kritik-ver setzung-1.5104412 abgerufen am: 03.11.2023.

2 https://www.focus.de/gesundheit/coronavirus-dna-auch-in-unserem-erbgut_id_13272787.html, abgerufen am: 03.11.2023.

3 Annika Leister, Lars Wienand: Spitzel im Fall Hildmann. So groß ist die Gefahr durch Corona-Leugner in Behörden, t-online.01.11.2021. https://www.t-online.de/nachrichten/deutschland/id_91069202/-querdenker-im-staatsdienst-wie-gross-ist-die-gefahr-.html, abgerufen am: 26.10.2023.

4 https://www.merkur.de/bayern/schwaben/augsburg/corona-bayern-soeder-kritik-puerner-arzt-gesundheitsamt-leiter-versetzt-muenchen-news-aktuell-zr-90791592.html, abgerufen am: 03.11.2023.

5 Süddeutsche Zeitung: Aichach: Mediziner bekräftigt Kritik an Corona-Politik. 06.11.2020. https://www.sueddeutsche.de/bayern/bayern-aichach-amtsarzt-corona-kritik-1.5106779 [Zugriff: 25.11.2023]
6 https://www.augsburger-allgemeine.de/aichach/aichach-friedberg-augsburg-ex-gesundheitsamtsleiter-puerner-einigt-sich-nach-klage-mit-dem-freistaat-id64865476-amp.html, abgerufen am: 03.11.2023.
7 Philippe Debionne: Corona-kritischer Arzt Pürner: »Diese Wahrheiten wollte die Politik nicht hören«. In Schwäbische vom 05.12.2023, https://www.schwaebische.de/politik/corona-kritischer-beamter-gewinnt-vor-gericht-gegen-den-freistaat-bayern-2103831, abgerufen am 06.12.2023.
Andreas Thieme: Corona-Rebelle siegt vor Gericht. In OVB Heimatzeitung vom 23.11.2023, https://www.ovb-heimatzeitungen.de/bayern/2023/11/22/corona-rebell-siegt-vor-gericht.ovb, abgerufen am 06.12.2023.

## Albrecht Müller – »umstritten«, weil er hinterfragt und selbst denkt (Marcus Klöckner)

1 Michael Ströbel: Experten warnen vor ihm. Warum Daniele Ganser so umstritten ist – und gefährlich. t-online.de. 09.03.2023 https://www.t-online.de/region/stuttgart/id_100124494/warum-daniele-ganser-so-umstritten-ist-und-so-gefaehrlich.html, abgerufen am: 06.11.23.
2 Albrecht Müller: Glaube wenig, hinterfrage alles, denke selbst. Wie man Manipulationen durchschaut. Westend. Okt. 2019.
3 Titel und der Link auf diesen Vortrag »Raus aus der Kriegslogik – zurück zu einer Politik der Vernunft« – Vortrag am 29.09.2022 in Heidelberg, https://www.nachdenkseiten.de/?p=89115.

## Lanz: »Frau Guérot. Genau das hilft heute nicht weiter. Nein, nein, nein.«

1 Anmerkung Lektorat: Fehler, die sich aus der gesprochenen Sprache ergeben, wurden weitestgehend sanft grammatikalisch etc. angepasst. Sprachliche Unebenheiten, die sich etwa durch eine stellenweise fragmentierte Ausdrucksweise, Neuformulierungen usw. ergeben haben, wurden im Sinne der Dokumentation nicht ausgebessert.
2 Wikipedia: Frederik Pleitgen. https://de.wikipedia.org/wiki/Frederik_Pleitgen, abgerufen am: 18.04.2023.
3 Matthias Hofstätter: Interview mit Michel Wyss. »Es ist der erste Stellvertreter-Krieg zwischen Russland und der NATO in Europa«. Focus Online. 05.05.2022, https://www.focus.de/politik/ausland/ukraine-krise/interview-mit-michel-wyss-es-ist-der-erste-stellevertreter-krieg-zwischen-russland-und-der-nato-in-europa_id_94392173.html, abgerufen am: 27.04.2023.
4 Jochen Leffers: Sowjet-Offizier Petrow ist tot. Der Mann, der die Welt rettete. Spiegel.de 19.09.2017, https://www.spiegel.de/geschichte/stanislaw-petrow-der-mann-der-die-welt-rettete-ist-tot-a-1168721.html, abgerufen am: 30.09.2023.
5 Ansgar Graw: »Fuck the EU« bringt US-Diplomatin in Erklärungsnot. In: Welt.de 07.02.2014, https://www.welt.de/politik/ausland/article124612220/Fuck-the-EU-bringt-US-Diplomatin-in-Erklaerungsnot.html, abgerufen am: 21.04.2023.

6 *FAZ* (YouTube Kanal): Joe Biden: Bei russischem Angriff ist Nord Stream 2 gestorben. 08.02.2022, https://www.youtube.com/watch?v=JOE0SX1Y1ps, abgerufen am: 20.08.2023.

7 Marcus Klöckner: Journalisten an der Leine. Telepolis. 7.12.2018. https://www.telepolis.de/features/Journalisten-an-der-Leine-4245391.html, abgerufen am: 20.02.23.

8 Jeffrey D. Sachs: Ukraine is the latest Neocon Disaster. In: OtherNews. 27.06.2022, https://www.jeffsachs.org/newspaper-articles/m6rb2a5tskpcxzesjk8hhzf96zh7w7, abgerufen am: 20.07.2023.

9 Tom-Oliver Regenauer: Ukraine 4IR – Das Testgelände. regenauer.blog. 27.05.2023, https://www.regenauer.press/ukraine-4ir, abgerufen am: 20. Juli 2023.

10 Ido Vock: Noam Chomsky: Russia is fighting more humanely than the US did in Iraq. 29.04.2023. The New Statesman, https://www.newstatesman.com/the-weekend-interview/2023/04/noam-chomsky-interview-ukraine-free-actor-united-states-determines, abgerufen am: 20.07.2023.

11 Michael D. Sallah, Mitch Weiss: Kriegsverbrechen in Vietnam Apocalypse Now. Spiegel.de. 16.04.2004, https://www.spiegel.de/panorama/kriegsverbrechen-in-vietnam-apocalypse-now-a-295224.html, abgerufen am: 19.08.2023.

12 Ansgar Graw: »Fuck the EU« bringt US-Diplomatin in Erklärungsnot. In: Welt.de 07.02.2014, https://www.welt.de/politik/ausland/article124612220/Fuck-the-EU-bringt-US-Diplomatin-in-Erklaerungsnot.html, abgerufen am: 21.04.2023.

13 Der Standard: Afghanistan: Taliban fordern abermals Beweise für Verwicklung Bin Ladens in Terroranschläge 18.09.2023, https://www.derstandard.at/story/716008/taliban-fordern-abermals-beweise-fuer-verwicklung-bin-ladens-in-terroranschlaege, abgerufen am: 27.04.2023.

14 Dieter Deiseroth: Jenseits des Rechts. Frankfurter Rundschau. 26.11.2009, https://www.fr.de/politik/jenseits-rechts-11491735.html, abgerufen am: 28.04.2023.

15 Ebd.

16 Florian Rötzer: Seit Jahren hat die CIA auch in den USA ukrainische Spezialkräfte ausgebildet. Overton. 03.03.2023, https://overton-magazin.de/krass-konkret/seit-jahren-hat-die-cia-auch-in-den-usa-ukrainische-spezialkraefte-ausgebildet/, abgerufen am: 27.04.2023.